Texte für den Deutschunterricht

Kommentar zu den Texten für das 9. Schuljahr

Von Anna Krüger

Verlag Moritz Diesterweg
Frankfurt am Main · Berlin · München

135

ISBN 3-425-00135-3

2. Auflage

Druck: Druckerei Paul Robert Wilk, Seulberg
Buchbinderei: Schwenk & Co. GmbH, Frankfurt (Main)

INHALTSVERZEICHNIS

I. Aus dem Leben der Kleinbürger

II. Kapital und Arbeit

III. Opfer der Kriege und des Völkermords

IV. Der Mensch in seinem Verhältnis zu sich selbst

V. Rassenprobleme zwischen Weißen und Schwarzen

VI. Satiren

I. AUS DEM LEBEN DER KLEINBÜRGER

Didaktische Überlegungen

Der überwiegende Teil unserer Schüler stammt aus der unteren Mittel- und der oberen Unterschicht[1], die zusammen das Hauptkontingent der nivellierten Mittelstandsgesellschaft stellen. Beide Schichten leben kleinbürgerlich, passen sich zwar im Konsumverhalten der Zeit an, neigen aber im allgemeinen zum Festhalten an überlieferten Denkmustern und Rollenvorstellungen[2].

Die Kellotats in Wolfdietrich Schnurres Geschichte stehen stellvertretend für Millionen Deutsche der älteren Generation, die aus dem Krieg davonkamen, ihn schnell vergaßen und kein Schuldgefühl in sich aufkommen ließen. Sie lebten nach 1945 genauso wie früher, denn kein Schrecknis aus den zwölf Jahren der Diktatur hatte sie wachgerüttelt[3]. Der Autor deckt implizit die Ursachen auf, die zu solchem Verhalten führen. Der Klempnermeister und seine Frau beschränken ihr Leben auf ihren engen Kreis, in dem sie tüchtig werkeln und die kleinbürgerlichen Traditionen bewahren. Vom Zeitgeschehen nehmen sie nur Notiz, wenn es in ihr Leben eingreift. Wer aber nur einen so kleinen Ausschnitt der Welt kennt und sich für alles, was außerhalb seines engen Lebens geschieht, nicht interessiert, bleibt auf dem geistigen Niveau eines Kindes stehen. Die Schüler sollten zur Einsicht kommen, daß solch eine Existenz des Menschen unwürdig ist und daß sie die Voraussetzung für jede Art von Manipulation durch die jeweils Mächtigen schafft.

Auf Peter Bichsels Geschichte "Die Tochter" läßt sich Wolfgang Schemmes Vorschlag anwenden: "Man sollte sie (die literarischen Werke) schlicht als Gebrauchsgegenstände behandeln, als Gegenstände freilich des geistigen Gebrauchs: die dem Lesenden zu Impulsen einer Selbstreflexion werden ..."[4] Die Schüler erkennen, daß dieser Text ihre eigenen Konflikte mit ihren Eltern und ihre wachsende Entfremdung von ihnen widerspiegelt. Deshalb identifizieren sie sich mit Monika und verteidigen sich selbst, wenn sie für sie eintreten. So wichtig es ist, daß sie sich von ihren eigenen Nöten freisprechen, das Lernziel der Aussprache richtet sich auf das Durchschauen und die Klärung der Probleme. Der Stundenaufbau muß dafür sorgen, daß die emotionelle Anteilnahme abklingt und die Schüler Distanz zu den Fragen gewinnen. Erst dann können sie zu Erkenntnissen kommen, die ihnen helfen, die Situation Monikas - und damit ihre eigene - kritisch zu analysieren.

"Die unwürdige Greisin" von Bertolt Brecht spielt zu Beginn des zwanzigsten Jahrhunderts. Damals war die Großfamilie noch intakt. In der Regel lebten die Großeltern bei einem ihrer Kinder. Frau B. durchbricht diese Tradition. Was damals Anstoß erregte, wäre heute die ideale Lösung für viele Kleinfamilien, die die Großeltern nicht aufnehmen wollen oder können. Die Greisin lebt vielen alten Menschen unserer Zeit vor, wie man unbeschwert von Verantwortung seinen Lebensabend zufrieden verbringen kann, indem man sich von der Vergangenheit löst und in freier Selbstbestimmung neue Gewohnheiten annimmt und neue Bindungen eingeht. Viele Fünfzehnjährige kennen aus eigenen Erlebnissen die Probleme, die es heute mit den alten Menschen gibt. Sie werden die Lebendigkeit und Selbständigkeit der Frau B. achten, wenn nicht bewundern. An ihrer Gestalt erkennen sie außerdem, daß Emanzipation nicht nur ihre eigene Aufgabe, sondern noch im hohen Alter vonnöten ist, wenn man sich selbst verwirklichen will. Daß Frau B. alle sozialen Vorurteile ablegt, sollte nicht übersehen werden.

Literatur

[1] Dieter Claessens. Arno Klönne. Arnim Tschoepe: Sozialkunde der Bundesrepublik Deutschland, Düsseldorf-Köln 1965, S. 260; Ulrich Oevermann: Sprache und soziale Herkunft, edition suhrkamp 519, Frankfurt am Main 1972, S. 111 ff.

[2] Dieter Claessens. Arno Klönne. Arnim Tschoepe, a. a. O., S. 241 ff.

[3] Wolfdietrich Schnurre: Schreibtisch unter freiem Himmel, Olten und Freiburg i. Br. 1964, S. 22 ff.; 119 ff.; 151 ff.; 243 ff.

[4] Wolfgang Schemme: Motivation der Arbeit im Literaturunterricht als fachdidaktisches Problem, in: Wirkendes Wort. Deutsche Sprache in Forschung und Lehre, Düsseldorf 1971, S. 172.

1. Wolfdietrich Schnurre: Das Fest der Genügsamen

Zum Text: Der Klempnermeister Oskar Kellotat und seine Frau Viola feiern ihre silberne Hochzeit. Weil sie sich einst in der Gondel eines Riesenrades kennenlernten, leiten sie das zweite Vierteljahrhundert ihrer Ehe mit der gleichen Fahrt ein.

Diese Handlung der Eheleute ist für sie symptomatisch. Sie signalisiert ihre Unfähigkeit, sich zu verändern und sich wie ihr Leben ihren Erfahrungen gemäß umzugestalten. Rückt Oskar doch seine Krawatte noch mit der gleichen Bewegung zurecht, die er sich mit achtzehn Jahren zulegte. Die Fahrt mit dem Riesenrad findet er "nach wie vor außerordentlich erhebend". Viola trägt noch an Festtagen das"Durchbrochene", das sie als junges Mädchen von einer Großtante geschenkt bekam.

Oskar hat sich bis zum 55. Lebensjahr seinen kindlichen Glauben an Gott erhalten. In der Gondel träumt er, in den Himmel zu schweben. Er stellt ihn sich so vor, wie er ihn von Illustrationen in kitschigen Bilder- und religiösen Büchern kennt (mit rosa Watte ausgeschlagene Empfangshalle, Gottvater auf einem sehr alten und vornehmen Stuhl mit Stirnreif, wallendem Haar und einer buntbebänderten Laute). Dazu fügt er Erinnerungen an Versammlungen einer Sekte (religiöse Damen in hellen Gewändern, Erbauungsschriften, Mineralwasser). Weder die christliche Überlieferung noch sein eigenes Ich unterzog er jemals einer Kritik. Wie ein lieber Vater sagt sein Gott zu ihm: "Es ist gut." Seine Tagträume und Entrückungen bedeuten eine Flucht aus der Wirklichkeit, trotzdem glaubt er "mehr als gewöhnliche Menschen" zu sehen. Zu dieser unreflektierten Haltung, die an frühkindliche Denkweisen erinnert, passen sein Interesse an Murmeln und der Einfall, seiner Frau zur Silberhochzeit Teddybären zu schenken.

Viola ist im Gegensatz zu Oskar realistisch eingestellt. Obwohl sie den Geruch öligen Wergs nie ausstehen konnte, heiratete sie den Klempnermeister, weil er eine solide Partie war: Er war selbständig, rauchte und trank nicht. In der Gondel macht sie eine Beobachtung, die ihrer praktischen Natur entspricht. Sie entdeckt die Veränderung des Sehfeldes beim Zukneifen eines Auges. Daß ihre großen Zehen dabei ein Zehntel des Stadtpanoramas verdecken, scheint ihr ein Wunder zu sein. Diese späte optische Erfahrung und die Verwunderung über sie machen deutlich, daß sie geistig auf der Stufe eines Kindes stehengeblieben ist. Demgemäß bedeuten ihr Kaffee und Kuchen sehr viel (7,21;8,6-7;11-12).

In ihrem Konsumverhalten paßt sich das Ehepaar an seinem Festtag in etwa unserer Zeit an. Auf dem Gang über den Rummelplatz häufen sich Teddybären, Schaumweinflaschen, Pralinenschachteln und bebänderte Sammeltassen in Violas Armen. Die Alpenveilchen mit der silbernen 25 stehen vor dem Fenster.

Von diesem Text kann man mit Karl-Gert Kribben sagen: "Bewußt wird Nebensächliches erwähnt und Bedeutendes ausgespart."[1] Der Autor spricht vom Krieg nur kurz und dazu ironisch, indem er von des Klempnermeisters Unabkömmlichkeit in der Heimat und seinem schreckhaften Herzen berichtet. Die Urbestandteile des Lärms auf dem Rummelplatz beschreibt er dagegen sehr breit. Außerdem hören wir von vielen Einzelheiten aus dem häuslichen Leben der Kellotats.

Vordergründig betrachtet, könnte man die Geschichte als realistische Idylle bezeichnen, zumal das Fest zu den bevorzugten Motiven dieser Dichtungsform gehört[2]. Außerdem steht fest, daß sich in Wolfdietrich Schnurres Werk eine Affinität zur Idyllik nachweisen läßt[3]. Aber des Autors frühe Kurzgeschichten, deren Helden die Opfer der Katastrophe von 1945 sind, wie seine konsequente Gesellschaftskritik in den fünfziger Jahren führen zu einem anderen Interpretationsansatz[4]. Das Genrebild ist von seinem Verfasser ironisch gemeint[5]. Mit Oskar und Viola Kellotat zeichnet er Figuren, die das Gefühl der Schuld an unserem Schicksal, mit dem er sich ähnlich wie Heinrich Böll jahrzehntelang auseinandersetzte, gar nicht kennen[6]. Um Wolfdietrich Schnurres Erzählabsicht zu erkennen, vergleiche man dieses Ehepaar mit dem aus der Erzählung "Auf der Flucht"[7]. Ihr Kind verhungert, und die Eltern sind ausgemergelt und dem Tode ausgeliefert. Hier dagegen feiert man wie vor dem Kriege, als hätte es ihn nie gegeben. Deshalb heißt es auch verharmlosend "Schön, da war dieser Krieg". So gesehen, ist die Überschrift doppeldeutig zu verstehen. Sie bezieht sich auf die materielle und seelisch-geistige Genügsamkeit der Kellotats.

Wolfdietrich Schnurre leitet die Erzählung mit dem Ankleiden des Ehepaars zu seiner Gondelfahrt ein (5,1-15;6,3-9). In die Szene blendet er kurz auf die vergangenen fünfundzwanzig Jahre ihrer Ehe zurück (5,16-6,2). Der Gang über den Rummelplatz (6,15-22) führt zum Hauptereignis, der Fahrt mit dem Riesenrad (6,22-8,7). Sie wird im Präsens vergegenwärtigt, während alle anderen Teile der Geschichte im Imperfekt bzw. Plusquamperfekt erzählt sind. Den Schluß (8,8-13) bildet ein knapper Dialog zwischen den Eheleuten. Er zeigt, daß die Kommunikation zwischen ihnen als sehr verschiedenen Charakteren auf Schwierigkeiten stößt.

Eine Anzahl von Wörtern und Wendungen haben ironischen Beigeschmack. Mit ihnen hebt der Autor das kleinbürgerliche Milieu hervor (der "Gute", das "Durchbrochene", zeitlos wie ein Spazierstock, solide Partie, Oskars Güte entsprossener Berg, frisch onduliertes Gelock, weiterwursteln). Oder er macht durch die Wahl von Wörtern aus einer gehobenen Sprachschicht - oft sind es Fremdwörter - auf die Enge ihrer Verhältnisse und auf ihre Naivität aufmerksam (offizieller Teil der Festivität, weltmännisch-vergnügungssüchtige Halbwüchsige, Höhe seines Gedankenflugs, profanierend, stadtteilverdeckende Wunderzehen).

Sein Mißtrauen gegenüber langen Sätzen hat Wolfdietrich Schnurre in den sechziger Jahren aufgegeben. Zwar überwiegt in unserem Text noch die Parataxe, die er in den frühen Kurzgeschichten fast ausschließlich verwandte. Die Hauptsätze sind aber nicht mehr extrem kurz und stehen nicht mehr nur unverbunden nebeneinander. Satzgefüge sind fast ebenso häufig wie -verbindungen. Es finden sich sogar einige kompliziertere Satzkonstruktionen mit Nebensätzen zweiten und dritten Grades. Der Stil des Autors hat sich verändert[8].

Methodische Hinweise

a) Der Text wird zunächst wortwörtlich verstanden. In einem Unterrichtsgespräch werden folgende Themen besprochen:
   1. Die besondere Feier der silbernen Hochzeit
   2. Kleinbürgerliche Züge bei den Kellotats
   3. Oskar und
   4. Viola als entgegengesetzte Naturen
b) Da anzunehmen ist, daß bei den beiden letzten Punkten an Oskars Traum und wohl auch an Violas Beobachtung in der Gondel Anstoß genommen wird, schließt sich eine kritische Durchleuchtung des Textes an. Das Stilmittel der Ironie wird dabei entdeckt und in einzelnen Zügen erkannt (die Enge des Milieus, die geistige Zurückgebliebenheit der Eheleute, ihr Festhalten an alten Gewohnheiten, die Wortwahl).
c) Eine Aussprache über das Verhältnis der Kellotats zum Kriege und den Einfluß des Zeitgeschehens auf sie
d) Interpretation der Überschrift.

Literatur

[1] Karl-Gert Kribben: Wolfdietrich Schnurre, in: Deutsche Literatur seit 1945 in Einzeldarstellungen, hrsg. von Dietrich Weber, 2. A. Stuttgart 1970, S. 319.

[2] Renate Böschenstein-Schäfer: Idylle, Sammlung Metzler, Abt. E: Poetik, Stuttgart 1967, S. 10.

[3] Karl-Gert Kribben, a. a. O., S. 321.

[4] Marcel Reich-Ranicki: Wolfdietrich Schnurre, in: Schriftsteller der Gegenwart. Deutsche Literatur, hrsg. von Klaus Nonnenmann, Olten und Freiburg i. Br. 1963, S.288.

[5] Vgl. Renate Böschenstein-Schäfer, a. a. O., S. 117: "Schließlich würden alle Probleme der Idyllendichtung in verkürzender Spiegelung erscheinen, wenn eine semasiologische Studie das Wort 'idyllisch' in seiner immer mehr zum ironischen Gebrauch hinneigenden Entwicklung verfolgte."

[6] Vgl. dazu seine Aussage: "Schuldig sind wir alle; da liegt der Unterschied nicht. Was wir aus unserm Schuldgefühl *machen*, wie wir uns einrichten mit ihm - darauf kommt's an." In Wolfdietrich Schnurre: Die Erzählungen, Olten 1966, S. 186.

[7] Anna Krüger: Texte für den Deutschunterricht. Kommentar zu den Texten für das 7. Schuljahr, Frankfurt am Main. Berlin. München 1971, S. 45 f.

[8] Vgl. Karl-Gert Kribben, a. a. O., S. 325.

2. *Peter Bichsel: Die Tochter*

Zum Text: Der Autor erzählt keine herkömmliche Geschichte mit fortlaufender Handlung. Er geht von einer Alltagssituation in einer Arbeiterfamilie aus: Eltern warten vor dem gedeckten Abendbrottisch auf ihre Tochter, die in der Stadt als Stenotypistin arbeitet und abends um halb acht Uhr mit dem Zug heimkommt.

Alles, was von dem Vater und der Mutter während der Wartezeit berichtet wird - und das ist wenig -, bildet das vordergründige Geschehen, dessen erzählte Zeit ungefähr eine Stunde umfaßt[1]. Von ihrer Aktion ist am Anfang und am Schluß des Textes die Rede, so daß eine Art von lockerem Rahmen entsteht (8,1-11; 9,20-33). Dieser enthält wörtliche Reden des Ehepaares. Aber im ersten Rahmenteil finden sich neben einer knappen Beschreibung Monikas (8,9-10) auch Erklärungen des Autors, wie es zu dem Warten auf sie kommt (8,1-2; 3-4) und daß es sich täglich wiederholt (8,4-8). In den abschließenden Rahmenteil blendet der Autor Aussagen der Eltern, die weiter zurückliegen, ein (9,27-29; 30-31).

Im Mittelteil beschreibt er die Dinge, die Monika sich anschaffte (8,12-15; 9,18-20), und berichtet, wie sie ihre Mittagspause verbringt (8,20-9,2). Die Erinnerung des Vaters an das Bürofräulein, das ihm seine Lohntüte übergibt, vermittelt ihm ein Bild von der Arbeit seiner Tochter. Sie selbst schweigt auf die oft an sie gestellte Frage, was sie tue (9,3-4). Die Eltern stellen sich vor, wie Monika zum Büro fährt und heimkehrt (9,5-13). Ihre Gedanken kreisen um die Zukunft der Tochter und die Folgen, die deren Umzug in die Stadt für sie mit sich bringen wird (9,14-17;26).

Mit den verschiedenen Mitteln des Erzählens verdeutlicht Peter Bichsel das Verhältnis der Eltern zu ihrer Tochter. Der Text gleicht einer "Aufnahme, die unter die Wahrnehmungsoberfläche des winzigen Weltausschnitts dringt"[2]. Dabei wird enthüllt, daß der Vater und die Mutter sich zu stark an ihr Kind gebunden haben. Ohne sie scheint ihr Leben leer zu sein. Monika erhielt eine bessere Ausbildung als sie selbst. Wahrscheinlich brachten sie dafür Opfer. Nun bewundern sie sie und ihren feineren Lebensstil.

Die Intensität ihrer Zuneigung zu Monika unterstreicht der Autor durch das Stilmittel der Wiederholung. Viermal heißt es: Sie warteten. Oft fragen sie ihre Tochter, was sie im Büro tue, und oft sagen sie sich, Stenographie sei zu schwer für sie selbst zu lernen. Zweimal bitten sie Monika, etwas auf Französisch zu sagen.

Diese gibt ihnen jedoch keine Antwort. Die Fragen und Bitten sind ihr wohl lästig. Sie steht auf eigenen Füßen, möchte ihr Leben nach ihrem Geschmack gestalten und nicht von den Eltern kontrolliert oder ausgefragt werden. Deshalb plant sie, in die Stadt zu ziehen. "Die Tochter" spiegelt den Individuationsprozeß eines berufstätigen Mädchens aus einfachen Verhältnissen, das sich von den Eltern löst und in eine gesellschaftlich höhere Schicht hineinwächst[3].

Der Autor signalisiert ihren sozialen Aufstieg durch das Nennen der Fähigkeiten, die sie erwarb (stenographieren, französisch) wie durch Statussymbole der weiblichen Jugend (Plattenspieler, Fläschchen, Döschen, Parfum, Zigaretten, Hocker aus marokkanischem Leder, Modejournal, Vase aus blauem schwedischem Glas).

Weil wir Monika aus der Sicht der Eltern kennenlernen - sie erscheint im Text nicht - und sie für beide im Zentrum ihres Tuns, Sprechens und Denkens steht, hat Peter Bichsel als Überschrift "Die Tochter" gewählt. In seiner Darstellungsform ist er vom nouveau roman beeinflußt worden[4].

Methodische Hinweise

a) Die Klasse entnimmt dem Text die vordergründigen Informationen über das Elternpaar und Monika.
b) In einer Diskussion über das Verhalten der Eltern zu ihrer Tochter und umgekehrt setzt sich die Klasse mit den Problemen auseinander. Die Schüler sind zum Sprechen motiviert, weil sie sich in ähnlicher Lage wie Monika befinden. Der Lehrer hält sich zurück. Er sorgt nur dafür, daß jeder Schüler zu seinem Recht kommt und die Diskussion fair ausgetragen wird.
c) Die Klasse löst sich von ihren persönlichen Standpunkten und dringt zu allgemeinen Feststellungen vor. Sie erkennt, daß die Loslösung von den Eltern ein Lebensgesetz bedeutet. Beide Partner müssen die Lage meistern lernen. Für Kinder, die durch eine bessere Ausbildung sozial höher steigen, entstehen besondere Schwierigkeiten im Elternhaus. Die Emanzipation der Mädchen ist in den Familien der Bundesrepublik Deutschland noch keine Selbstverständlichkeit, weil die alte Rollenvorstellung von der Frau noch nicht abgebaut ist.
d) Die Erzählform tritt in den Mittelpunkt der Arbeit am Text. Der Impuls: Was geschieht wirklich während der erzählten Zeit? führt zur Entdeckung, daß nur am Beginn und zum Schluß eine Handlung und gesprochene Worte, die zur Situation gehören, wiedergegeben werden. Im folgenden Denkschritt finden die Schüler heraus, daß durch Beschreibungen des Autors, durch eine Erinnerung des Vaters, durch Vorstellungen, Gedanken, Fragen und Bitten der Eltern ein Bild ihrer Tochter entsteht und zugleich viel über das Verhältnis der drei Personen zueinander ausgesagt wird. Der Autor stellt Monika indirekt dar.

Literatur

[1] Günther Müller: Die Bedeutung der Zeit in der Erzählkunst, Bonn 1947, S. 16.

[2] Werner Eggers: Sprachtheorie und Sprachwandel, in: Tendenzen der deutschen Literatur seit 1945, hrsg. von Thomas Koebner, Stuttgart 1971,

S. 134. Der Autor spricht von Peter Bichsel: "Eigentlich möchte Frau Blum den Milchmann kennenlernen".

[3] Vgl. Alfred Clemens Baumgärtner: Literarische Erziehung mit dem Lesebuch "Auswahl", Kamps pädagogische Taschenbücher 43/44, Bochum o. J., S. 324 f.; Bernhard Sowinski: Lesebucharbeit. Hauptschule, 3. A. Bochum o. J., S. 147 f.

[4] Frank Trommler: Der zögernde Nachwuchs, in: Tendenzen der deutschen Literatur seit 1945, S. 104 f.

3. Bertolt Brecht: Die unwürdige Greisin

Zum Text: Der Autor berichtet von den beiden letzten Lebensjahren der Mutter seines Vaters. Der Ort der Handlung ist Achern, eine Kleinstadt in Baden, aus der die Eltern des Dichters stammen[1]. Robert Minder stellte die These von der "wiedergefundenen Großmutter" auf, die Bertolt Brecht "ganz unverkennbar in das Milieu seiner Jugend versetzt und ihr die eigenen Züge verliehen hat"[2]. Ob die zweiundsiebzigjährige Frau die geschilderte Entwicklung genauso durchgemacht hat, wie sie der Enkel erzählt, ist bislang von der Forschung nicht erwiesen worden. Peter Demetz vertritt den Standpunkt, daß die Gestalt frei erfunden sei[3]. Beide Auffassungen widersprechen und ergänzen sich. Ein realistisches Lokalkolorit, didaktische Intensionen und autobiographische wie fiktionale Züge verschmelzen in der Kalendergeschichte zu einer neuen erzählten Welt.

Frau B., eine kleine magere Frau, hatte ein hartes Leben hinter sich (sieben Kinder geboren, fünf davon aufgezogen, den Haushalt ohne Hilfe versorgt, lange für zwölf Personen gekocht, die Reste gegessen). Da es um die Jahrhundertwende weder Konserven noch Haushaltsmaschinen gab, arbeiteten Mütter so großer Familien sechzehn und mehr Stunden täglich und kannten keinen Urlaub. Bertolt Brecht spricht deshalb mit Recht von der "Knechtschaft" der Frau B.

Als diese im 73. Lebensjahr ihren Mann verliert, erbt sie ein Haus, aber kein Vermögen. Den Vorschlag ihrer Kinder, zu einem von ihnen zu ziehen, lehnt sie ab. Sie bittet sie lediglich um kleine Geldzuwendungen, die sie auch erhält. Frau B. gedenkt ihren Lebensabend als "alleinstehende Person ohne Verpflichtungen und mit bescheidenen, aber ausreichenden Mitteln" zu verbringen.

In dialektischem Umschlag zu ihrer Vergangenheit kümmert sie sich fortan kaum noch um ihre Kinder (10,31-11,4;12,16-21;13,12-13), bricht den Verkehr mit allen Bekannten ab, ißt jeden zweiten Tag im Gasthaus und fährt mit der Bregg aus, wozu sie früher nicht zu bewegen war. Sie sucht sich neue Freunde (Flickschuster, Küchenmädchen), durch die sie sich Unterhaltung("Er hat etwas gesehen"; "lustige Leute ...", die "... über die würdigen Autoritäten der Stadt loszogen") und Abwechslung verschafft (Karten spielen). "Sie steigt zu den Deklassierten hinab und dringt damit zur gesellschaftlichen Wirklichkeit vor."[4] Allein oder mit dem jungen Mädchen geht sie ins Kino, reist auch mit ihm mit der Bahn zum Pferderennen nach K. Sie gestattet sich Freiheiten, die in der Stadt auffallen: Im Sommer spaziert sie in aller Herrgottsfrühe durch die leeren Straßen; den Pfarrer lädt sie zu einem Kinobesuch ein; zum Grab ihres Mannes geht sie selten oder nie.

Das neue Leben der alten Frau wird in "einer polyperspektivischen Erzähltechnik" dargestellt[5]. Ihr jüngster Sohn, ein Buchdrucker, schreibt seinen Geschwistern Briefe über sie. Er klagt, daß sie ihn und seine große Familie nicht in ihr Haus aufnimmt und daß sie Geld für das Küchenmädchen, aber nicht für seine Kinder ausgibt. Über ihre Kinobesuche äußert er sich "ziemlich kurz". Die Fahrten mit der Bregg und nach K. alarmieren ihn so, daß er einen Arzt hinzuziehen will. Ihre neuen Bekannten, der sozialdemokratische Flickschuster, das Küchenmädchen, das in seinen Augen "halb schwachsinnig" und "ein Krüppel" ist, die stellungslosen Kellnerinnen und Handwerksburschen sind in seinen Augen nicht respektabel und deshalb kein Verkehr für seine Mutter. Zuletzt klingen seine Briefe hysterisch, sie handeln nur noch von der "unwürdigen Aufführung unserer lieben Mutter". Der kränkliche Kleinbürger, dem es wirtschaftlich schlecht geht, vertritt die Meinung seiner Gesellschaftsschicht mit ihren Vorurteilen und Entrüstungen über Außenseiter, ihrer Intoleranz und ihrer Rollenvorstellung von der Mutter, die sich bis zum Tode für ihre Kinder aufopfern muß. Wie seine ganze Klasse um die Jahrhundertwende verachtet er alle Menschen, die nichts besitzen, und die Sozialdemokraten.

Von einem anderen Aspekt her beurteilt Bertolt Brechts Vater seine Mutter. Da er "eine gute Portion Humor" besitzt, nimmt er bei seinem Besuch ihr verändertes Verhalten (sie lädt ihn nicht ein, bei ihr zu wohnen, sie geht nicht mit ihm zum Friedhof) gelassen hin und versucht sie zu verstehen. Da er sie "ganz munter" und in "ausgeglichener Stimmung" angetroffen hat, rät er seinem Bruder, die alte Frau gewähren zu lassen. Denn er räumt ihr das Recht ein, ihren Lebensabend so zu verbringen, wie es ihr gefällt. Manche Aussagen aus den erregten Briefen seines Bruders nimmt er nicht ernst.

Der Enkel Bertolt Brecht benutzt die verschiedenartigen Ansichten der beiden Brüder über ihre Mutter als Quellen (10,27-30;13,16). Durch den häufigen Gebrauch des Possessivpronomens "mein" (vierundzwanzigmal) betont er seine Zugehörigkeit zu seiner Familie. Er erzählt in der Ich-Form, in der man Erinnerungen an die nächste Generation weiterzugeben pflegt. Die Kalendergeschichte beginnt mit einem Abriß über das frühere Leben der Großmutter, in den er eine knappe Personenbeschreibung einblendet (10,1-25). Mit ihm wie mit weiteren Fakten aus ihren Ehejahren (11,38-39;12,21-23;33-35)kontrastiert er wirkungsvoll die beiden Lebensabschnitte der Greisin.

Als Ich-Erzähler stellt er Vermutungen an über die Reaktion seines Onkels (10,31-33) wie über das Verhalten der Großmutter (13,7;26). Durch sie wie durch Fragen über ihre Absichten (11,39-40;12,28) relativiert er das Erzählte. Das gilt auch für die Briefe des Buchdruckers, die er in indirekter Form mit Konjunktiven wiedergibt. Mit Wendungen wie: Er deutete an, es hieß, wie man hört, wie allgemein behauptet wurde, signalisiert er, daß Gerüchte über die alte Frau verbreitet werden. Auch sonst bleibt vieles im Ungewissen. Gab sie das Geld wirklich dem Flickschuster? Wer war dieser Mann, der es bislang zu nichts gebracht hatte, der trinken sollte und später ein großes Geschäft eröffnet hat? Mit der langen Erklärung über das Kino und seine Besucher zu Beginn des Jahrhunderts wie der Bezeichnung "allerlei nicht besonders respektable Existenzen" scheint sich der Autor sogar der Meinung seines Onkels anzuschließen. Dazu stellt er die Lebensweise der alten Frau auf weite Strecken aus dessen Sicht dar und übernimmt von ihm das Adjektiv "unwürdig" für die Überschrift. Das

Verwirrspiel, das Bertolt Brecht mit dem Leser treibt, gehört zu seiner "List, die Wahrheit unter vielen zu verbreiten"[6]. Er gebraucht sie, um uns zum Nachdenken über die Emanzipation der Frau B. zu bringen. Wir müssen uns entscheiden, ob wir uns der Meinung des Vaters oder des Onkels über die Großmutter anschließen.

Bertolt Brecht hilft uns durch Hinweise im Text, ihn richtig zu verstehen. Wenn er in ihrem Gesicht "viel Kleines, aber nichts Kleinliches" entdeckt, spürt man aus den lapidaren Worten, die fast paradox klingen, daß er seine Großmutter hochachtet. Seine Deutung ihres Lebens: "Sie hatte die langen Jahre der Knechtschaft und die kurzen Jahre der Freiheit ausgekostet und das Brot des Lebens aufgezehrt bis auf den letzten Brosamen", sind der Schlüsselsatz für das Verständnis des Textes (vgl. auch 13,29-33). Das neue Leben der alten Frau entspricht den Vorstellungen Bertolt Brechts vom Weg des sozial denkenden Menschen, der sich von Vorurteilen und Konventionen befreit, keine Klassenunterschiede kennt und sich - auch auf Kosten seiner Familie - selbst verwirklicht.

Die offene Form der multiperspektivischen Darstellung verlockt zu verschiedenen Deutungen des Textes. Helmut Linnenborn legt ihn im Sinne der sozialistischen Dialektik aus. Er sieht in dem Buchdrucker den unwürdigen, in der Großmutter den würdigen Menschen, die Synthesis beider verkörpert der Flickschuster, den er zur Hauptgestalt erklärt. Damit überinterpretiert er die Kalendergeschichte[7]. Heinz-Jürgen Kliewer meint hingegen, das Verhalten der Frau B. sei "nicht als das einzig Richtige und Erstrebenswerte" anzusehen. Er entpolitisiert den Text weitgehend[8]. Robert Minders Nachweis, daß es zwischen der Entwicklung des jungen Brecht und der alten Frau B. Parallelen gibt, darf bei keiner Interpretation unberücksichtigt bleiben.

Der Dichter nahm seine Großmutter als eine Gestalt in seine "Kalendergeschichten" auf. Mit ihnen stellt er sich bewußt in die Hebelsche Formtradition[9]. Wie sein Vorbild will er seine Leser mit den schlichten Erzählungen aufklären. Er stellt in ihnen dar, wie die Menschen in den verschiedensten Epochen unter Kriegen, der Macht der Kirche und des Staates, ihrer sozialen Herkunft und den Vorurteilen der Gesellschaft leiden müssen und wie sich einzelne von allen Zwängen befreien. Zu ihnen zählt er seine Großmutter.

Die Sprache der Geschichte ist vorbildlich einfach, treffend, genau im Detail und klar gefügt, dazu mit einem Schuß Ironie (Überschrift, Aufregung der Kleinbürger) und trockenem Humor (Sicherheit der Großmutter, Gelassenheit des Vaters) gewürzt. Bertolt Brecht spart viel aus, erzählt knapp, unsentimental und dicht.

Methodische Hinweise

Einleitend vermittelt der Lehrer den Schülern Kenntnisse über die Arbeit der Hausfrauen um 1900.

a) Die Klasse sucht aus dem Text die Quellen, die Brecht für die Geschichte verwertet hat.
b) Die Schüler äußern sich zum neuen Leben der Großmutter. Sie entdecken dabei die widersprüchlichen Meinungen des Buchdruckers und des Vaters.
c) Sie nehmen Stellung zu deren Aussagen und damit zum Verhalten der Großmutter. Dabei erfährt der Lehrer, wie die einzelnen über Vorurteile

des Kleinbürgertums und die Emanzipation der alten Frau denken. Wahrscheinlich werden Meinungsverschiedenheiten auftauchen.

d) Eine Diskussion über den Lebensabend der Frau B. klärt sie.

e) Die Schüler interpretieren die Schlüsselsätze (13,29-33;14,14-16). Von ihnen her tasten sie sich zur Auffassung Bertolt Brechts vor. Ziel des Arbeitsschritts ist es, daß sie seine Erzählabsicht erkennen.

f) Vier Gruppen beschäftigen sich im arbeitsteiligen Verfahren mit folgenden Aufgaben:
   1. Sucht die Stellen, in denen der Autor Vermutungen über die Vorgänge äußert. Beachtet dabei die Sprachform!
   2. Sucht die Stellen, in denen er Erklärungen und Urteile abgibt.
   3. Stellt fest, wieviele Personen sich über die Großmutter äußern.
   4. Nehmt Stellung zur Überschrift!

Die Ergebnisse der Gruppenarbeit führen dazu, daß die Schüler einen Einblick in die Erzählstruktur der Kalendergeschichte erhalten. Das Gespräch über die Überschrift vermittelt ihnen die Einsicht, daß Bertolt Brecht listig erzählt.

Literatur

[1] Literaturlexikon 20. Jahrhundert, hrsg. von Helmut Olles, rororo Handbuch, Band 1, Reinbek bei Hamburg 1971, S. 125.

[2] Robert Minder: Dichter in der Gesellschaft. Erfahrungen mit deutscher und französischer Literatur, Frankfurt am Main 1966, S. 209.

[3] Peter Demetz: Die alten Grenzen bröckeln, in: Die Zeit vom 11. 8. 1967.

[4] Robert Minder, a. a. O., S. 204.

[5] Heinz-Jürgen Kliewer: Brechts "Unwürdige Greisin" - Lehrstück oder Propaganda? In: Der Deutschunterricht. Beiträge zu seiner Praxis und wissenschaftlichen Grundlegung, Stuttgart 1973, Heft 1, S. 122.

[6] Bertolt Brecht: Fünf Schwierigkeiten beim Schreiben der Wahrheit, in: Versuche 20/21, Berlin 1952, S. 94.

[7] Helmut Linnenborn: Die unwürdige Greisin, in: Der Deutschunterricht. Beiträge zu seiner Praxis und wissenschaftlichen Grundlegung, Stuttgart 1958, Heft 6, S. 100 ff.

[8] Hans-Jürgen Kliewer, a. a. O., S. 118. Das gleiche gilt von Karl Brinkmann: Erläuterungen zu Bertolt Brechts Kalendergeschichten, Königs Erläuterungen Band 82, Hollfeld/Obfr. o. J., S. 26 ff.

[9] Lothar Wittmann: Johann Peter Hebels Spiegel der Welt, Frankfurt am Main. Berlin. Bonn. München 1969, S. XIII; Helmut Mann u. a.: Deutsch. Lehrplan-Vorbereitung - Unterricht, 1. Teilband, Weinheim. Berlin. Basel 1971, S. 161.

Didaktische Überlegungen

Die Texte dieser Gruppe sind geeignet, die Jugendlichen zum Nachdenken über ökonomische Gesetze, über die Verwaltung großer Unternehmen und die Aufstiegschancen eines Facharbeiters zu bringen.

Thomas Wolfes Darstellung vom Bankrott seiner Vaterstadt macht den Schülern das Wesen geldwirtschaftlicher Manipulationen durchschaubar. Jede Bank, die sich hohe Geldsummen durch öffentliche Anleihen verschafft und sie regelmäßig ohne genügende Deckungen weiterverleiht, muß an dem Tag den Konkurs anmelden, an dem sie ihren Verpflichtungen nicht mehr nachkommen kann. Dann schädigt sie alle, die ihr Geld anvertrauten[1]. Das gleiche Gesetz gilt für jeden Privatmann und Unternehmer. Die Spekulationen in Libya Hill zeigen, wie der Boden als Ware die Menschen dazu verlockt, seinen Preis immer höher zu treiben, um mühelos reich zu werden. Seit dem Kriege hat sich auch in der Bundesrepublik Deutschland ein lukratives Geschäft mit dem Bauland entwickelt, das immer teurer wird. Zahlreiche Spekulanten verdienten und verdienen noch allerorten am Grund und Boden, wenn sie zur rechten Zeit Bauerwartungsland kaufen. Der Text könnte als Anlaß dienen, über die Bodenreform zu sprechen, über die in der Öffentlichkeit viel diskutiert wird. Es wäre auch nützlich, die Schüler über die verheerenden Folgen aufzuklären, die der Bankkrach in der Wallstreet 1929 für die deutsche Wirtschaft und Politik nach sich zog.

Max von der Grün war lange Zeit Arbeitnehmer im Ruhrgebiet. Seinem Text liegen eigene Erfahrungen zugrunde. "Die Entscheidung" führt die Schüler in die Welt der Arbeit, die in unseren Lesebüchern zu selten als Thematik erscheint[2]. Während in ihnen noch bis weit in die sechziger Jahre hinein die Arbeit idealistisch überhöht wurde[3], erzählt Max von der Grün nüchtern und realistisch. Die Fünfzehnjährigen können sich mit den Überlegungen des Schweißers auseinandersetzen, weil heute in allen Schichten über die Chancen zur Verbesserung des Lebensstandards ähnliche Gespräche geführt werden. Außerdem bietet der Text die Gelegenheit, den Begriff innerer Monolog einzuführen, der in der modernen Epik eine große Rolle spielt.

Fast alle Jugendlichen haben die Hochhäuser, die als Verwaltungsgebäude großer Firmen dienen, in unseren Großstädten gesehen. Ruth Rehmann führt ihnen das Äußere und das Innere dieser Häuser vor Augen. Viele Schülerinnen werden in wenigen Jahren in ähnlichen gläsernen Zellen und Schreibmaschinenpools arbeiten. Bei der Besprechung des Textes kann man ihnen ein Bild von ihrem zukünftigen Beruf vermitteln. Material dafür liefert der letzte Absatz und Ausführungen von Wendula Dahle[4].

Literatur

[1] Fritz Heinrich Ryssel: Thomas Wolfe, Berlin 1963, S. 74. "In seiner letzten Lebenszeit verwickelte die Wachovia Bank in Asheville die ganze Familie in einen Haftungsprozeß, und es bestand die Gefahr, daß die Mutter den Rest des Vermögens und das Haus verlor."

[2] Erwin Voigt: Die Darstellung der Arbeitswelt in Lesebüchern der Gegenwart, Berliner Arbeitskreis Didaktik, Informationen Nr. 3, Berlin o.J. Wolfgang Schulz: Die Welt im Lesebuch, in: Die Diskussion um das deutsche Lesebuch, hrsg. von Hermann Helmers, Darmstadt 1969, S. 35 ff.

[3] Gertrud Ritz-Fröhlich: Weltsicht und Weltverständnis im Lesebuch der Volksschule, Erziehungswissenschaftliche Forschungen Band 1, Weinheim. Berlin.Basel 1969, S. 212 und 305; Jörg Ehni: Das Bild der Heimat im Schullesebuch, in: Die Diskussion um das deutsche Lesebuch, a. a. O., S. 300 und 305.

[4] Wendula Dahle: Deutschunterricht und Arbeitswelt. Modelle kritischen Lernens, rororo 6785, Reinbek bei Hamburg 1972, S. 152 ff.

1. *Thomas Wolfe: Aufstieg und Fall der Stadt Libya Hill*

Zum Text: Er ist das XXV. Kapitel aus des Autors letztem Roman "Es führt kein Weg zurück". Ich kürzte es, weil es für ein Lesewerk von 96 Seiten Umfang zu lang ist. Thomas Wolfes wuchernder Erzählstil[1] läßt eine Kürzung zu. Hat doch schon sein Verleger seine Manuskripte stark zusammengestrichen[2].

Der Schauplatz des Geschehens ist Libya Hill. Mit diesem Namen bezeichnet der Schriftsteller seine Vaterstadt Asheville in North Carolina USA in seinen beiden letzten Werken.

Er berichtet in vier Erzählschritten, wie die kleine Stadt mit 50 000 Einwohnern vom Spekulationsfieber der zwanziger Jahre ergriffen wird und sich ruiniert. Im ersten Schritt (14,1-16,8) stellt Thomas Wolfe den sozialen Aufstieg von Jarvis Riggs dar, der von kleinen Stellungen bis zum Präsidenten der Citizens Trust Company emporklettert. Er ist bei der Gründung der Bank stark beteiligt und führt die Geschäfte zwei Jahrzehnte lang solide. Im zweiten Erzählschritt (16,9-40) deckt der Autor die Praktiken auf, mit denen eine Clique von Politikern und Geschäftsleuten den zu raschen Aufbau der Stadt in Gang setzt. Der Ring - das sind die Männer, die das Geschick der Stadt lenken - schiebt einen ihm genehmen vertrauensseligen Mann auf den Bürgermeisterstuhl und wählt sich den ehrgeizigen Jarvis Riggs als Bankier aus. Die Stadt nimmt eine Reihe öffentlicher Anleihen auf, die immer höher klettern. Das hereinströmende Geld zahlt die Bank ohne Deckungen an die Clique und ihre Freunde aus, die es für Boden- und Grundstücksspekulationen benützen. Man verkauft sich untereinander Bauland, das zum Teil in der Wildnis und im Gebirge liegt, und steigert die Preise von Verkauf zu Verkauf. Zuletzt befindet sich die ganze Stadt vom Bürgermeister bis zum kleinen Mann in einer Art Rausch, so daß alle ihr Geld für Libya Hills Vergrößerung investieren.

Die Verzinsung der Schulden und Obligationen wird für die Bank immer schwieriger. Der dritte Erzählabschnitt (17,1-18,12) schildert die Anzeichen des nahenden Zusammenbruchs, über den seit 1928 Gerüchte kursieren. Jarvis Riggs und viele Eingeweihte wissen, wie es um die Stadt steht. Sie treiben ihr Spiel trotzdem weiter. Der Präsident der Bank überredet 1928 den mißtrauisch gewordenen Bürgermeister, die städtischen Einlagen von 6 000 000 Dollar nicht zurückzuziehen. Gegen sein besseres

Wissen behauptet Jarvis Riggs, die Bank befinde sich nur in einer vorübergehenden Depression.

Im letzten Erzählschritt (18,13-20,12) beschreibt der Autor die Katastrophe. Die Citizens Trust Company und die Stadt machen am 12. März 1930 bankrott. Die Einwohner verlieren ihre Spareinlagen, Aktien, Wertpapiere und ihr Vermögen. Ihre Häuser und Grundstücke sind verpfändet, denn die Stadt hat hohe Schulden bei auswärtigen Gläubigern. Der Bürgermeister und viele andere Personen nehmen sich das Leben. Die übrigen rasen vor Zorn und suchen einen Schuldigen. Sie gestehen sich nicht ein, daß sie alle für den Ruin ihrer Stadt mitverantwortlich sind.

Der Bankkrach von Libya Hill spielt im Gesamtwerk eine bedeutsame Rolle. Im V. Kapitel beschuldigt der blinde Richter Bland Jarvis Riggs und die führenden Leute der Stadt, sie hätten schmutzige Geschäfte gemacht und die Stadt ruiniert[3]. Das VII. Kapitel beschreibt, in welcher Weise alle Städter sich an der grotesken Spekulation beteiligen. Sie kaufen Grundstücke und verkaufen sie bald wieder mit horrenden Gewinnen, erhalten aber vom Käufer nur minimale Anzahlungen, z. B. 500 von 500 000 Dollar[4]. Welche unnützen und kostspieligen Bauten (Straßen, Brücken, Tunnels, Wolkenkratzer) die Stadt finanziert und zu dem Zweck 50 000 000 Dollar aufnimmt, steht im IX. Kapitel[5].

Thomas Wolfe hat Libya Hill als Beispiel für viele Städte in den Vereinigten Staaten gewählt, um die Ursachen der Wirtschaftskrise von 1929 aufzudecken. Er stimmte den Nationalökonomen zu, daß sie als der Zusammenbruch des kapitalistischen Systems zu erklären sei. Seine scharfe Kritik an der amerikanischen Gesellschaft läßt ihn jedoch tiefer sehen und moralische Hintergründe aufdecken. Die Amerikaner haben aus Geldgier ihren Anstand, ihre Redlichkeit und ihre Vernunft aufgegeben, somit ihr Gewissen abgetötet. Deshalb waren sie zu allem fähig. Als sie ihr Vermögen verloren, blieb ihnen nichts, da "sie keine inneren Werte besaßen". In Thomas Wolfes Augen sind sie tot, auch wenn sie weiterleben.

Jarvis Riggs' Karriere ist in seinen Augen ein lebendes Beispiel für die amerikanische Legende "vom armen Jungen, der ... es zu etwas bringt". Der Selfmademan läßt sich wie alle anderen korrumpieren; denn er ist ehrgeizig und will den Leuten zeigen, was er kann. Wie sehr er sich gewandelt hat, verdeutlicht sein gegensätzliches Verhalten beim Verkauf der Bankaktien 1912 und während des Gesprächs mit dem Bürgermeister 1928.

An Thomas Wolfes Stil fällt zunächst die große Zahl seiner Adjektive auf. Im zweiten Abschnitt unseres Textes, der nur vierzehn Zeilen umfaßt, finden sich zwanzig, in einem kurzen Hauptsatz sechs (14,12-13). Manchmal verbindet seine Übersetzerin zwei von ihnen durch einen Bindestrich (leblos-sandfarben, munter-fröhlich). Der Autor setzt oft zwei, drei auch vier nebeneinander. Er hat eine Vorliebe für die Verstärkung des Ausdrucks. Sie entsteht durch übertreibende Adjektive (herrlich, golden, irrsinnig, tollkühn, wahnwitzig, rasend, todsicher, tödlich, total, gewaltig, einzigartig), durch die Steigerung der Adjektive mit einem Adverb (ganz offen, verschwindend kurz, bedenkenlos steigend, schwindelnd hoch, verheerend klar, möglichst rasch), durch Superlative (schnellstwachsend, größte, höchst dürftig), durch verallgemeinernde Zeitadverbien (immer, nie, fortwährend, ständig, stets) und durch Bilder wie Vergleiche (Ketzer, Soldat in der Schlacht, Explosion von Gasen, Meute heulender Hunde, Reißverschluß).

Nach Wilhelm Schneiders Kategorien schreibt Thomas Wolfe einen steigernden Stil[6], der von Menschen benutzt wird, "in denen das Gefühl die Vormachtstellung über den Verstand inne hat"[7]. Die amerikanischen Literaturwissenschaftler bestätigen, daß der Schriftsteller sein Werk aus dem Gefühl heraus schuf[8]. Sie geben auch zu, daß sie von seiner Sprache trotz ihrer Mängel fasziniert sind. Denn oft rechtfertigen die Tatsachen und die Umstände des Erzählten die Übertreibungen[9]. Das dürfte weithin auch auf unseren Text zutreffen.

Methodische Hinweise

a) Die Klasse entnimmt dem Text Informationen. Zu diesem Zweck gliedert sie ihn in Erzählschritte mit deutlich unterschiedener Thematik. Vier Gruppen stellen im arbeitsteiligen Verfahren die Fakten je eines Abschnitts heraus. Diese werden besprochen und geklärt. Falls es nötig ist, erweitert und vertieft der Lehrer sie aus geldwirtschaftlicher Sicht.

b) Die Gruppen versuchen aus ihrem Teil des Textes Thomas Wolfes Stellungnahme zu den Personen und Ereignissen herauszufinden. Sie entdekken, daß er sie durch die Wahl seiner Wörter, durch Urteile und Kommentare ausdrückt.

c) Die Kommentare von Seite 19,17 bis 20,12 werden Satz für Satz interpretiert, die Meinungen des Autors zur Diskussion gestellt.

d) Libya Hill wird als Modellfall für Spekulationsgeschäfte mit dem Grund und Boden, die der Kapitalismus ermöglicht, betrachtet. Die Schüler besinnen sich auf ähnliche, wenn auch kleinere Skandale aus der Bundesrepublik (Baulandskandale, doppelter Verkauf von Eigentumswohnungen, Scheinverkäufe, Bankrott der Baufirmen).

e) Ein Gespräch über die Bodenreform oder die Verstaatlichung des Bodens.

f) Sechs Gruppen arbeiten über Thomas Wolfes Stil. Sie untersuchen die Häufigkeit der Adjektive, ihre Auswahl, ihre Steigerung durch ein Adverb, den Gebrauch des Superlativs, die verallgemeinernden Zeitadverbien und die Bilder. Aus den Ergebnissen der Gruppenarbeit zieht die Klasse den Schluß, daß der Autor Übertreibungen liebt. Der Lehrer führt den Begriff steigernder Stil ein. Die Schüler klären durch eine Aussprache, ob er zu diesem Stoff paßt oder ob er abzulehnen ist.

Literatur

[1] Marcus Cunliffe: Amerikanische Literaturgeschichte, München 1961, S. 318.

[2] Thomas Wolfe in Selbstzeugnissen, dargestellt von Herbert Joseph Muller, Rowohlts Monographien 46, Reinbek bei Hamburg 1962, S. 113, Anmerkung 1.

[3] Thomas Wolfe: Es führt kein Weg zurück, Hamburg 1953, S. 77 ff.

[4] Ebd. S. 96 ff.

[5] Ebd. S. 121 ff.

[6] Wilhelm Schneider: Ausdruckswerte der deutschen Sprache. Eine Stilkunde, 2.A. Darmstadt 1962, S. 117 ff.

[7] Ebd. S. 117.

[8] Joseph Warren Beach: Amerikanische Prosadichtung 1920 - 1940, Aschaffenburg 1947, S. 164.

[9] Ebd. S. 196.

2. *Max von der Grün: Die Entscheidung*

Zum Text: Der bekannteste Autor der Gruppe 61[1] vergegenwärtigt einige wichtige Minuten aus dem Leben eines Schweißers. Vor der Tür seines Meisters, dessen Posten er in Bälde übernehmen soll, versinkt Egon Witty in Gedanken über die erfreulichen und unerfreulichen Seiten seines beruflichen und sozialen Aufstiegs.

Max von der Grün setzt den Text aus drei Erzählformen zusammen. Außer in der Einleitung (20,1-16) wechselt er zwischen kurzen Er-Berichten (20,19-21,2;21,17-19,27-29;22,15-16;23,7-8;10-12;29-30;24,9-13;19-22), knappen Dialogen (23,13-28;24,14-18) und langen inneren Monologen des Schweißers. Diese bedeuten eine unmittelbare Selbstaussage der fiktiven Person, die sich mit ihrer Lage auseinandersetzt und dadurch dem Leser einen Einblick in ihr Bewußtsein verschafft. "Der Monolog erweist sich hier als die gegebene Form für die Vermittlung erfundener, extrem zugespitzter Situationen und Erfahrungen."[2]

Egon Wittys Gedanken und Handlungen bewegen sich dialektisch. Nachdem er sich alle Vorteile seiner neuen Stellung vor Augen geführt hat, schlägt seine Einstellung zu der Beförderung ins Gegenteil um, als er an die Verantwortung, die er übernehmen muß, denkt. Nun ist er zum Verzicht bereit, will seiner Frau am Abend alles erklären und seinen Meister bitten, einen anderen als Nachfolger vorzuschlagen. Kurz darauf äußert er seine Bedenken jedoch dem grauhaarigen Mann gegenüber nicht, obwohl jener ihm mitteilt, daß er schon in drei Tagen Meister sein wird. Abermals vor der Tür stehend, entschließt sich Egon Witty wiederum, dem Meister seine Angst vor der Verantwortung einzugestehen. Er kehrt zu ihm zurück und setzt auch mit "Ich ... ich ... ich ..." zu einem Geständnis an. Aber mit dem vierten "Ich" fordert er die Pläne für Halle drei an. In diesem Augenblick ist seine Entscheidung gefallen. Aus der These "ja" und der Antithese "nein" bildete sich die Synthese: im vollen Bewußtsein der Verantwortung, die ich tragen werde, sage ich ja.

Das Hauptstilmittel des Autors ist die Wiederholung. Er gebraucht sie aus verschiedenen Erzählabsichten. Im einleitenden Er-Bericht tritt sie als Anapher auf, die die Hauptgestalt hervorhebt. Der Satz: "Der Schweißer Egon Witty hatte Zukunft", deutet das erste Mal auf die Beförderung hin, das zweite Mal bestätigt er sie. Max von der Grün akzentuiert den Erzählvorgang durch zwei oft wiederkehrende Aussagen in den Er-Berichten. Die erste: "Der Schweißer Egon Witty stand vor dem Büro seines Meisters", leitet die Geschichte ein. Leicht variiert und mit dem zweiten Motiv verbunden, findet sie sich außerdem in der Mitte der Geschichte (22,15) und am Beginn der Endszene. Mithin steht sie an drei sehr wichtigen Stellen. Bei ihrem zweiten Erscheinen ist vom "Blinzeln in die Sonne" die Rede. Es bildet mit dem Beobachten der Männer auf dem Eisenverladeplatz und Egon Wittys Frage: "Trinken sie Bier oder Coca?"

das zweite Leitmotiv, das in sprachlichen Variationen sechsmal gebraucht wird. Der Schlußsatz des Textes "Die Männer dort tranken Bier", ist die Antwort auf die Frage des Schweißers[3]. Da sie mit seiner endgültigen Entscheidung zusammenfällt, ist Egon Wittys Herumrätseln, was die Männer wohl trinken, als Symbol für seine Unentschlossenheit anzusehen, die sich schon zu Beginn seiner Überlegungen durch viele Fragen artikuliert. Die Er-Berichte bestehen mit vier Ausnahmen (20,2-11;21,27-29; 24,9;12-13) aus den leitmotivartigen Sätzen. Sie sind im Imperfekt geschrieben und gliedern Egon Wittys Gedankenfluß. Zugleich verdeutlichen sie, daß dessen Überlegungen sich in einer sehr kurzen Zeit vollziehen. Die Erzähl- und die erzählte Zeit dürften sich in diesem Text decken[4]. Der Schweißer hatte anfangs die Absicht, die Detailzeichnungen für das Gestänge der neuen Montagehalle zu holen, zum Schluß nimmt er die Pläne mit. Dadurch erhält die Geschichte eine in sich geschlossene Form.

Die Wiederholungen von ganzen Sätzen, Redewendungen und Wörtern im inneren Monolog erfüllen eine andere Funktion. Sie spiegeln die Tatsache, daß die gleichen Gedanken und Gedankenfetzen im Bewußtseinsstrom immer wieder auftauchen. Das gilt insbesondere von den Schlüsselwörtern: Meister (16 mal), Herr (9 mal), Angst (22 mal) und Verantwortung (5 mal). Sie kennzeichnen die beiden Pole, um die es in der Entscheidung geht. Die Erzählstruktur entspricht somit der Bewußtseinsstruktur. Dazu kommt noch, daß Max von der Grün in den Monologen eine ganz einfache Sprache gebraucht. Ihre Zeitformen sind das Präsens und das Futur.

Egon Witty prüft sich selbst. Die Schwierigkeiten der neuen Stellung erscheinen ihm aber zu groß. Er schätzt dabei seine Fähigkeiten zu gering ein. In Wahrheit ist er enorm gescheit, tüchtig und umsichtig und leistete bereits seit einem Jahr zu einem großen Teil die Arbeit des Meisters. Seine Unsicherheit erklärt sich aus seinem großen Verantwortungsgefühl und aus seiner Bescheidenheit.

Die Statussymbole in dem Bilde von seiner Zukunft (Auto, größere Wohnung, Garten) zeigen, daß das Bewußtsein der Arbeiter in unserem Staat vom Wohlstandsdenken und von der Sehnsucht, dem Bürger gleichgestellt zu werden (Angestelltensiedlung, Herr, Meister), geprägt ist.

Methodische Hinweise

a) Ein klärendes Unterrichtsgespräch über Egon Wittys Gedanken. Dabei werden die Vorteile durch die Beförderung und die Angst vor der Verantwortung herausgestellt.
b) Eine Analyse des Bewußtseins Egon Wittys als eines Vertreters der Industriearbeiter (zu wenig Selbstvertrauen trotz großer Tüchtigkeit, Wohlstandsdenken, sein Wunsch, wie ein Bürger zu leben und als Herr angesprochen zu werden). Die Schüler reflektieren diesen Tatbestand kritisch.
c) Die Aufforderung, darüber nachzudenken, ob dieser Text wie andere geschrieben ist, leitet eine Untersuchung der Schüler über die Erzählform ein. Vier Gruppen beschäftigen sich im arbeitsteiligen Verfahren mit jeweils ungefähr einer Seite des Textes mit der Aufgabe, die verschiedenen Arten des Erzählens herauszufinden. Dabei wird vom Lehrer als Hilfe der Hinweis, auf den besonderen Gebrauch der Zeiten zu achten, gegeben. Wenn die Unterschiede der Erzählformen klar von den

Schülern erkannt sind, führt er die Begriffe: Er-Bericht, innerer Monolog, Dialog ein.

d) In einem neuen Arbeitsgang stellen die Gruppen die Wiederholungen auf ihren Seiten zusammen. Sie tragen die Ergebnisse nacheinander vor. Das folgende Gespräch führt die Schüler zur Erkenntnis, welche erzählerische Absicht der Autor mit dem Stilprinzip der Wiederholung im Er-Bericht und in den Monologen verfolgt[5].

Literatur

[1] Aus der Welt der Arbeit. Almanach der Gruppe 61 und ihrer Gäste, hrsg. von Fritz Hüser und Max von der Grün, Neuwied und Berlin 1966, S. 27.

[2] Gisela Uellenberg: Bewußtseinsstrom, innerer Monolog und Rollenprosa in: Tendenzen der deutschen Literatur seit 1945, hrsg. von Thomas Koebner, Stuttgart 1971, S. 294.

[3] Vgl. Alfred Clemens Baumgärtner: Literarische Erziehung mit dem Lesebuch "Auswahl", Kamps pädagogische Taschenbücher 43/44, Bochum o.J., S. 325.

[4] Günther Müller: Die Bedeutung der Zeit in der Erzählkunst, Bonn 1947, S. 16.

[5] Vgl. Bernhard Sowinski: Lesebucharbeit. Hauptschule, Bochum o.J., S. 223 f.

3. *Ruth Rehmann: Das neue Verwaltungsgebäude*

Zum Text: Er ist der Anfang des Romans "Illusionen", in dem die Autorin vier Angestellte des Wellis-Konzerns während eines Wochenendes die Zerstörung ihrer Einbildungen und Träume erleben läßt[1].

Ruth Rehmann verfolgt auf den ersten vier Seiten ihres Buches zwei Erzählabsichten. Sie will dem Leser ein anschauliches Bild des Bürohochhauses vermitteln und ihm zugleich Charakteristisches über das Aussehen, das Verhalten und die Arbeit einzelner oder ganzer Gruppen der im Haus Beschäftigten mitteilen. Deshalb leitet sie jeden Erzählschritt mit einer Beschreibung ein und spricht anschließend von den Menschen.

Im ersten Absatz stellt sie die Gesamtform des Verwaltungsgebäudes, das, von vorn gesehen, von der Vertikale des verglasten Treppenhauses gespalten wird, vor die Augen des Lesers. Stille und das gleichmäßige Klima im Hause veranlassen sie, die stets tadellosen Frisuren und die dünnen Nylonblusen der Damen zu erwähnen.

Das Thema des zweiten Absatzes sind die Glasbänder der Fenster, die Gesimse zwischen den Stockwerken und das Portal. Die Autorin führt den Leser dazu, stärker die waagerechten Linien des Hauses wahrzunehmen. Die "Übermacht des Glases" legt nahe, an seine Reinigung zu denken. Im folgenden Abschnitt beschreibt sie die Arbeit der Fensterputzer, insbesondere des Mannes, der vom Zirkus zum Wellis-Konzern kam.

Das Dach ist der Inhalt des vierten Absatzes. Mitten in seiner Beschreibung heißt es, daß keiner der im Hause arbeitenden Menschen etwas von ihm weiß. Nur der närrische Fensterputzer kennt sich mit ihm aus. Mit "dem, der alles von oben sieht und auch durch das Dach in die dunklen Schächte blickt", meint die Autorin sich selbst. Das läßt sich aus den Schlußsätzen des Romans beweisen[2]. Als allwissende Erzählerin schaut sie von oben dem Kreislauf des Paternosters von der Kuppe zum Keller zu.

Darauf wendet sie sich im fünften Absatz den Korridoren zu. Die Tatsache, daß ihre Wände vom Geräusch der vielen Schreibmaschinen leise vibrieren, benutzt die Autorin, um anschließend Aussagen über den Arbeitsrhythmus und den Vorgang des Tippens zu machen.

Der sechste Absatz handelt von den Arbeitsräumen im Verwaltungsgebäude. Die Stenotypistinnen sitzen in kleinen Zellen oder in Hallen aus Glas, so daß sie gut zu kontrollieren sind. Nur die Büros der Chefs und ihre Vorzimmer sind mit schalldichten Wänden umgeben. Alle Versuche der Damen, sich durch Fotos oder Pflanzen abgeschlossene Räume zu beschaffen, sind sinnlos, denn die Dinge "stehen im Leeren, vor nichts und hinter nichts". Abschließend berichtet die Autorin von den Vorrechten einzelner älterer Sekretärinnen, die sich um die Firma verdient gemacht haben.

Nur an dieser Stelle übt die Autorin Sozialkritik. Die Leitung gestattet den Damen auf Widerruf kleine Menschlichkeiten, wenn diese "eine gewisse Linie der Selbstaufgabe überschritten" haben. Das heißt nichts anderes, als daß sie "einen Betriebseinsatz der ganzen ungeteilten Person" leisten müssen. Der Konzern kauft sich somit für den Lohn nicht nur die Arbeitskraft, sondern den Menschen. Dafür werden den Bevorzugten lächerlich anmutende Freiheiten zugestanden (Kissen, Kaffeegeschirr im Schrank). Außerdem erwartet man noch von ihnen, daß sie für ein gutes Betriebsklima sorgen. Bei der Erwähnung der Schreibmaschinenpools sagt Ruth Rehmann wohl, daß die Stenotypistinnen gut bezahlt werden, aber sie verschweigt, daß die Arbeit in Schreibhallen unpersönlich ist und unter starkem Leistungsdruck steht.

Die Schriftstellerin schreibt einen ausgesprochenen Nominalstil. In den ersten beiden Absätzen finden sich vierundsiebzig Substantive und nur vierzehn konjugierte Verbformen im Aktiv, dazu drei im Passiv. Häufig werden die Substantive durch Attribute und diese wieder durch Adverbien näher bestimmt. Auffällig ist Ruth Rehmanns Vorliebe für nachgestellte Adjektive, oft sind es Partizipien der Vergangenheit. In der Regel verwendet sie zwei oder drei von ihnen hintereinander (24,2-3;6;25,7-8 usw.). Da sie die Adjektive noch durch nähere Bestimmungen erweitert, erfüllen die Konstruktionen die Funktionen von Haupt- oder Relativsätzen[3].

Die Bilder und Vergleiche stammen aus den verschiedensten Bereichen: aus dem täglichen Leben (Streichholzschachteln, Laib Brot), aus der Natur (Bäuche, Narrensaat, Sternenlandschaft, Königinnenzelle), der Technik (Motor, Hämmerchen), der römischen Mythologie (Vestalinnen), dem Militär (Garde).

Als weitere Stileigenheit der Autorin ist der Gebrauch vieler Wortreihen oder gleicher Satzteile zu nennen. Einige Adjektive werden asyndetisch, die meisten Glieder jedoch monosyndetisch verknüpft. Einige Wortreihen bestehen aus syndetisch gebildeten Gruppen[4]. Die Zahl der Glieder schwankt zwischen zwei und fünf Wörtern. Bei den Verben, Attributen und

Adjektiven kommen sie seltener, bei den Substantiven häufiger vor.

Appositionen - im Einzelfall auch die Wiederholung des Nomens (26,30-37) - dienen dazu, die langen Sätze besser zu durchgliedern. Denn die Autorin schreibt neben wenigen kurzen Hauptsätzen, Satzverbindungen und -gefügen viele lange Perioden. Durch den Gebrauch der Appositionen und der nachgestellten Attribute entstehen des öfteren dichte Aussagen mit ellipsenähnlichen Zwischenstücken, so daß die Sätze nicht leicht zu durchschauen sind (25,7-9;26,7-11;12-22;27,15-32).

Methodische Hinweise

Ruth Rehmanns Sprache dürfte aus diesen Gründen manchen 9. Klassen noch Schwierigkeiten bereiten. Sie erhalten die Hausaufgabe, den Text daheim zu lesen und sich auf das Vorlesen eines Abschnitts vorzubereiten.

a) In der Stunde wird "Das neue Verwaltungsgebäude" schrittweise erlesen[5]. In einem vorausgehenden Gespräch legen die Schüler die Leseeinheiten fest[6]. Jede von ihnen wird zunächst vorgelesen. Darauf werden Fragen gestellt und beantwortet. Um die Aussage jedes einzelnen Satzes zu erschließen, werden Lexika benutzt, mit deren Hilfe die Schüler Begriffe klären. Außerdem verdeutlichen Tafelskizzen die Vorstellung von dem Bürohochhaus.
b) Mit im Lesen fortgeschrittenen Klassen oder Kursen interpretiert der Lehrer zuerst unverstandene Stellen und nimmt Aussagen über die ersten Leseeindrücke entgegen. Dabei schälen sich Punkte für ein Unterrichtsgespräch heraus. Sie könnten heißen:
   1. Das Verwaltungsgebäude mit seinen Arbeitsplätzen
   2. Die besondere Rolle des Outsiders
   3. Die Vorrechte einzelner langgedienter Sekretärinnen
c) An beide Unterrichtsverfahren schließt sich eine kritische Auseinandersetzung über die Forderungen der Firma und ihre Belohnung für den besonderen Einsatz der Damen an. Außerdem erkennen die Schüler die besondere Erzählform des Textes mit ihrem Wechsel zwischen Beschreibungen von Dingen und Berichten über Menschen.
d) In grammatisch geschulten Klassen beschäftigen sich acht Gruppen im arbeitsteiligen Verfahren mit der Sprache. Sie erhalten folgende Aufgaben:
   1. Auszählung der Substantive und Verben in den beiden ersten Abschnitten
   2. Bilder und Vergleiche
   3. Appositionen
   4. Nachgestellte Adjektive
   5.-8. Gleichartige Satzteile in Form von Substantiven, Adjektiven, Adverbien, Verben

Durch die Besprechung der Gruppenergebnisse erkennen die Schüler die Stileigenheiten der Schriftstellerin. Der Begriff Nominalstil wird eingeführt. Einzelne Sätze mit nachgestellten Adjektiven werden umgewandelt, um den Schülern die gedrängte Sprache der Autorin begreiflich zu machen.

Literatur

[1] Vgl. Literaturlexikon 20. Jahrhundert 3, hrsg. von Helmut Olles, rororo Handbuch, Reinbek bei Hamburg 1971, S. 654.

[2] Ruth Rehmann: Illusionen, Fischer Bücherei 491, Frankfurt am Main.Hamburg 1962, S. 202.

[3] Vgl. Johannes Erben: Deutsche Grammatik, Fischer Bücherei 904, Frankfurt am Main.Hamburg 1968, S. 103.

[4] Der Große Duden, Band 4, Grammatik der deutschen Gegenwartssprache 2. A. Mannheim 1966, S. 543.

[5] Hans Glinz: Sprachunterricht im engeren Sinne oder Sprachlehre und Sprachkunde, in: Handbuch des Deutschunterrichts im ersten bis zehnten Schuljahr, hrsg. von Alexander Beinlich, I. Band, 5. A. Emsdetten 1969, S. 346 ff.

[6] Gert Kleinschmidt: Theorie und Praxis des Lesens in der Grund- und Hauptschule, Frankfurt am Main.Berlin.Bonn.München 1968, S. 112.

III. OPFER DER KRIEGE UND DES VÖLKERMORDS

Didaktische Überlegungen

Viele Millionen Menschen wurden im 20. Jahrhundert durch Kriege und Friedensschlüsse aus ihrer Heimat vertrieben[1]. Jannis Vlachojannis zeigt an einem extremen Fall, wie schwer es die alten Flüchtlinge haben, sich umzugewöhnen und die Vergangenheit zu vergessen. Am tragischen Schicksal des alten Sulioten ist außerdem abzulesen, daß einzelne Vertriebene - wie auch ihre Verbände - gegen internationale Beschlüsse nur Amok laufen können. Sie sind dazu verurteilt, stellvertretend für die Fehler ihrer Regierungen oder internationaler Gremien zu büßen. Das bedeutet eine große Ungerechtigkeit, die die Vereinten Nationen abschaffen sollten. Da heute noch ungezählte Heimatvertriebene unter menschenunwürdigen Bedingungen in Lagern leben (Palästinenser, Ostpakistaner) ist das Thema aktuell, im Nahen Osten sogar politisch brisant.

Zofia Nałkowskas Geschichte hat dokumentarischen Wert. Deshalb eignet sie sich dazu, die deutsche Jugend über die unmenschliche Behandlung der Juden im Dritten Reich aufzuklären. An der Endlösung der Judenfrage kommen die Schüler zur Einsicht, daß Rassenhaß zum Völkermord, dem größten Verbrechen der Menschheit, führen kann. Die Gespräche über die Ursachen des Hasses, der zur Vernichtung der Juden im Zweiten Weltkrieg führte, helfen den Schülern, Rassenvorurteile rational aufzuarbeiten und sie kritisch zu beurteilen.

Aus Salvadores Streit mit seiner Frau und dem Partisanen José treten die beiden Standpunkte heraus, die die Menschen seit eh und je in Kriegen ihren Feinden gegenüber bezogen haben. Entweder bleiben sie human und sehen auch im Gegner den Mitmenschen, oder sie verteufeln sie generell und sind entschlossen, sie und auch alle Landsleute, die anders als sie selbst denken, zu verfolgen und zu töten. Eine kritische Auseinandersetzung mit der zweiten Einstellung läßt die Schüler zu dem Schluß kommen, daß es - wie in der Judenfrage - absurd ist, verallgemeinernde Urteile über ein ganzes Volk zu fällen. Diese Klischees werden durch eine nationalistische Erziehung und durch Propaganda in die Köpfe der Menschen so eingehämmert, daß es ihnen schwer fällt, sich später von solchen Vorstellungen zu befreien. Eine auf Emanzipation bedachte Schule muß die Jugend befähigen, Vorurteile dieser Art als Manipulation zu begreifen, und sie gegen sie immunisieren.

Die letzten beiden Geschichten werfen das Problem auf, ob der einzelne für eine große Schuld bestraft werden soll, die er auf einen Befehl hin begangen hat. In Diktaturen und in Kriegen, wenn das Verbrechen legalisiert ist[2] und die Menschenrechte mit Füßen getreten werden, geraten Bürger, Polizisten und Soldaten in die Lage, ihre Gegner auf Befehl zu foltern und zu ermorden[3]. Ihre Regierungen schützen sie, solange sie an der Macht sind oder die Weltöffentlichkeit ignorieren. Denn diese vertritt das Gewissen der Menschheit und fordert, daß auch die Mörder, die auf Befehl Menschen töteten, bestraft werden. In Deutschland finden deshalb bis in unsere Tage Kriegsverbrecherprozesse statt[4]. Die Vereinigten Staaten untersuchten den Fall Mylay gerichtlich, und von Portugal verlangte man, daß es die Morde seiner Truppen an den Bewohnern von Moçambique aufklärte. Den Schülern wird durch die Texte die Rechtsunsicherheit in Diktaturen und in inhuman geführten Kriegen wie in Auseinandersetzungen mit politischen Gegnern bewußt. Im Rechtsstaat stellt man die Menschen vor Gerichte und liefert sie nicht den Folterknechten aus.

Literatur

[1] Die Uno in New York beauftragte den High Commissioner for Refugees, sich der Flüchtlinge in der Welt anzunehmen. In den einzelnen Staaten arbeiten seine Länderkommissionen.

[2] Vgl. Arno Plack: Die Gesellschaft und das Böse. Eine Kritik der herrschenden Moral, 2.A. München 1968, S. 304 ff.

[3] Klaus Peter Schmid: Menschenrechte - nur ein Alibi? In: Die Zeit vom 2.1.1974. Der Folter-Report von Amnesty International hat im Dezember 1973 enthüllt, daß in den letzten Jahren mindestens 60 Regierungen ihre politischen Gegner foltern ließen. "Besonders gern gefoltert wird, laut Amnesty, unter Kriegsrecht. Die Folter ist dann lediglich die 'Spitze eines enormen Eisbergs wachsender institutionalisierter Gewalt'."

[4] Hans Schueler: Noch kein Ende in Ludwigsburg. Nach wie vor werden Mordtaten aus der Hitlerzeit entdeckt, in: Die Zeit vom 7.12.1973.

1. Jannis Vlachojannis: Der alte Suliote

Zum Text: Der Autor, ein Geschichtsforscher, spezialisierte sich auf die Zeit der Befreiung Griechenlands von der Türkenherrschaft (1821). Er schrieb 1912 ein Buch über dieses Thema und nannte es "Suli", weil die Bewohner des Dorfes im Epirus sich durch besondere Tapferkeit ausgezeichnet hatten[1]. Unser Text erzählt auch von einem Sulioten. Aber die Geschichte spielt vor einem anderen historischen Hintergrund. Die Albanesen eroberten nach 1918 das Land zurück, das die Griechen während des Ersten Weltkriegs besetzt hatten, und vertrieben die griechischen Einwohner[2].

Zu ihnen gehört der Held unserer Geschichte. Die anderen Sulioten fanden sich im Lauf vieler Jahre mit dem Verlust ihrer Heimat ab. Der alte Mann vergißt Suli keine Stunde. Der Wunsch, wieder nach Hause zu kommen, füllt alle seine Gedanken aus. "In der Nacht führte seine Sehnsucht einen wilden Kampf mit ihm." Doch er vertraut sich niemandem an, schweigt auch über seinen Plan, in sein Dorf zurückzugehen. Weil er in seiner Heimat zu tief verwurzelt ist, kann er sich in seinem Alter nicht mehr umgewöhnen. Er klammert sich starr an die Vergangenheit. In völliger Isolierung von der Wirklichkeit entwickeln sich bei ihm zuletzt fixe Ideen. Er glaubt, Gott zürne ihm, weil er Suli, das nun tot sei, verlassen habe.

Als er erschöpft und verwirrt sein Heimatdorf wiedersieht, meint er zu träumen; denn alle Häuser sind verfallen und leer. Er grüßt trotzdem einen Nachbarn, als ob der noch dort wohne, weil für ihn nur das alte Suli existiert. Das Feuer im Kamin und der gedeckte Tisch in seinem Hause scheinen seine Wahnvorstellungen einen Augenblick lang zu bestätigen. Nur aus seiner Geistesverwirrung heraus läßt sich erklären, daß er die Albanesen beschimpft und ihnen ihr Recht, in Suli zu leben, abstreitet. Die wenigen glücklichen Augenblicke in seinem Hause bezahlt der geistig gestörte Mann mit seinem Leben.

Wie der dreiundsiebenzigjährige Spanier in Ernest Hemingways Kurzgeschichte "Alter Mann an der Brücke" begreift auch der Suliote nichts "von der ungerechten Schicksalswoge", die ihn aus der Heimat wegtrug[3]. Aber im Gegensatz zu jenem, der friedlich Tiere hütete, ist er trotz seines Alters noch kriegerisch, trägt Waffen und haßt seine Feinde. Während der Schluß in Hemingways Kurzgeschichte offen bleibt, besitzt diese Erzählung eine geschlossene Form. Das Schicksal des alten Mannes erfüllt sich mit tragischer Folgerichtigkeit. Er stirbt für seine Illusionen. Aber er stirbt in seinem Hause, wie er es sich in der Fremde immer gewünscht hat. Sein geistiger Tod setzte ein, als er es vor vielen Jahren verlassen mußte.

Jannis Vlachojannis erzählt objektiv ohne Kommentare. Seine Sympathie für seine vertriebenen Landsleute läßt sich manchmal aus seiner Wortwahl ablesen (ungerechte Woge, Elend, Hunger, arme Sulioten). Mit diesem Grenzfall beleuchtet er grell das Unrecht, das man ihnen antut, wenn man sie in die Fremde vertreibt. Manche lassen sich durch den Verlust der Heimat zu Wahnsinnstaten hinreißen. Das gilt auch für große Bevölkerungsgruppen verzweifelter Vertriebener[3].

Isidora Rosenthal-Kamarinea hat den Urtext in ein einfaches Deutsch übertragen. Sie schreibt einen ausgesprochenen Hauptsatzstil, der nur selten (9 mal) durch Satzgefüge durchbrochen wird. Im Zeitwechsel zwischen Imperfekt und Präsens (4 mal) hat sie sich bewußt an das Neugriechische angepaßt[4].

Methodische Hinweise

Der Lehrer gibt vor dem Lesen der Erzählung einen kurzen Überblick über die politische Lage im Epirus um 1918.

a) Die Schüler entnehmen dem Text zunächst Informationen
   1. über die Gruppe heimatvertriebener Griechen auf Korfu,
   2. über das Verhalten und das Handeln des alten Mannes.
b) In einer freien Aussprache versucht die Klasse sich zu erklären, was in ihm seit dem Verlassen der Heimat vor sich geht. Das verlangt von den Fünfzehnjährigen Einfühlungsvermögen in einen alten Menschen, der aus seiner Heimat vertrieben wurde.
c) Die Beiträge könnten zur Beurteilung der deutschen Ostpolitik hinüberführen. Während der einzelne Grenzbewohner unschuldig ist und mit dem Verlust der Heimat nur auf seine eigene Weise fertig werden kann, muß eine Regierung die Fehler ihrer Vorgängerin und die dadurch geschaffenen Fakten ohne Illusionen anerkennen.
d) Eine Diskussion über die Lage der Flüchtlinge in der Welt, besonders der Palästinenser, die in Lagern leben und nicht wie die deutschen in den Staat und die Gesellschaft integriert wurden.

Literatur

[1] Kindlers Literaturlexikon, IV. Band, Zürich 1968, S. 2302.

[2] J. R. von Salis: Weltgeschichte der neuesten Zeit, Band III, Zürich 1960, S. 171.

[3] Anna Krüger: Texte für den Deutschunterricht. Kommentar zu den Texten für das 8. Schuljahr, Frankfurt am Main.Berlin.München 1971, S. 46 ff.

[4] Griechenland erzählt, hrsg. und übersetzt von Isidora Rosenthal-Kamarinea, Fischer Bücherei 606, Frankfurt am Main.Hamburg 1965, S. 10.

2. *Zofia Nałkowska: Am Bahndamm*

Zum Text: Die Autorin war vor 1939 Delegierte des polnischen Pen-Clubs und Abgeordnete im Sejm[1]. Nach 1945 gehörte sie der Internationalen Kommission zur Untersuchung der Naziverbrechen an. Aus Gesprächen mit ehemaligen Häftlingen der Konzentrationslager entstand ihr Buch "Medaillons", in dem sie Einzelschicksale, die auf wahren Begebenheiten beruhen, darstellt[2]. Es erschien 1946 in Polen und wurde in viele Sprachen, auch ins Deutsche übersetzt. Literaturwissenschaftler halten es für das beste Werk der Schriftstellerin[3].

Im Text erwähnt sie dreimal den Mann, der ihr vom Sterben der jungen jüdischen Frau am Bahndamm berichtete. Er tritt als Rahmenfigur am Anfang und Ende der Geschichte auf. Außerdem leitet Zofia Nałkowska mit ihm zur zweiten Erzählphase über (30,39-40), die sein Erlebnis wiedergibt. Für den ersten Teil hat sie andere Quellen benutzt: Erzählungen von Leuten, die die Fahrt in die Vernichtungslager mitgemacht haben und Zeugen der Flucht einzelner gewesen sind oder sich selbst auf diese Art gerettet haben.

Mit einer kurzen einführenden Vorausdeutung auf die mißlungene Flucht und den Tod der jungen Frau nimmt die Autorin mit dem ersten Satz den Ausgang der Handlung voraus[4]. Außerdem leistet er eine sinnaufschließende Ankündigung: Die Tote ist nur eine von den Millionen, die durch die Nationalsozialisten ihr Leben verloren. Und schließlich enthält er bereits die Gliederung der Geschichte in zwei Erzählschritte ("Flucht" und "mißlang").

Zofia Nałkowska vergegenwärtigt zunächst die Lage der Juden während des Transports in die Lager. In plombierten Güterwagen zusammengepfercht, fahren sie halbverhungert, unsagbar schmutzig, in stickiger Luft und im Dunkeln "dem sicheren Tod entgegen". Den Fluchtweg beschreibt sie präzise in allen Einzelheiten. Mit den Wörtern: schaudernd, schmale Öffnung, Abgrund, Eingang zum Grab, Mut und mutig weist sie auf seine fast unüberwindbaren Gefahren hin. Sachlich erläutert sie, weshalb so viele dabei ums Leben kamen. An keiner Stelle verleiht sie ihren Gefühlen oder ihrer Empörung über die unmenschliche Grausamkeit der Nationalsozialisten dieser Gruppe Menschen gegenüber Ausdruck. Sie hält sich streng an die ihr mitgeteilten Tatsachen und läßt diese selbst sprechen.

In der ersten Erzählphase gebraucht die Autorin nur verallgemeinernde Personenbezeichnungen: jene, mehrere, viele, man, einer oder der andere und Menschenmasse. Damit erfaßt sie die Leiden aller Deportierten. Aus ihnen löst sich die Gruppe heraus, die die Flucht wagt. Dreien mißlingt sie, zwei davon sind tot, die anderen entkommen.

Die junge Frau bleibt verletzt am Bahndamm liegen. Sie ist die Hauptperson des zweiten Erzählschritts. Ohne jeden Versuch einer Beschönigung stellt die Autorin dar, wie ihre Landsleute auf die verwundete jüdische Frau reagieren. Viele kommen, um sie zu sehen, manche aus Neugier. Den meisten tut sie leid, sie wissen aber keinen Rat und seufzen deshalb. Doch bleiben sie nicht lange, sie stehen, flüstern, tuscheln miteinander, sehen sich ängstlich um und gehen schnell weg. Eine alte Bäuerin kehrt zweimal im Laufe des Tages zurück, legt einen Becher Milch und Brot in die Hände der Frau, aber sie verhüllt ihr Gesicht und läuft fort, als die Polizisten erscheinen. Sie spricht als einzige aus, daß man die Jüdin hätte retten können, wenn sie im Wäldchen gelegen hätte. Alle sehen das blutende Knie, niemand denkt daran, einen Arzt zu holen oder sie in ein Krankenhaus zu bringen. "Eine unbezwingliche Kraft" trennt sie von der Verwundeten. Das ist Adolf Hitlers Gesetz, das jeden mit dem Tode bestraft, der den Entflohenen hilft. Die jüdische junge Frau weiß aus schrecklichen Erfahrungen, daß niemand sich ihrer erbarmen und damit sein eigenes Leben gefährden wird. Deshalb hofft sie nur noch auf den Tod[5]. Implizit deckt Zofia Nałkowska die Folgen eines Terrorregimes auf, das jede Spontaneität und menschliche Regung, den Ausgestoßenen zu helfen, erstickt, weil alle Angst um ihr Leben haben müssen. Daß die Herumstehenden von ihr sprechen, "als ob sie gar nicht mehr existierte", hat andere Gründe, nämlich Gedankenlosigkeit und mangelnden Respekt vor einem dem Tode preisgegebenen Menschen. Die Unentschlossenheit der beiden Polizisten wirkt dagegen sympathisch, weil sie die Frau nicht dem Feind ausliefern und auch keine Anzeige erstatten. Damit handeln sie gegen das Gesetz. Nach langen Überlegungen sind sie auch bereit, den Wunsch der Frau zu erfüllen und sie zu erschießen. Die Entkommenen sind dadurch vor Verfolgungen sicher.

Der junge Mann ist der mutigste Zivilist. Er bleibt auch am Bahndamm, als die Polizisten kommen. Den ganzen Tag harrt er dort mit Unterbrechungen aus, holt der Frau Wodka und Zigaretten, gibt ihr auch Feuer. Daß die Nachricht, einer der Toten sei ihr Mann, ihm nicht behagt, ist aus dem Text nicht zu erklären. Hatte er die Absicht, sie am Abend in den Wald zu bringen? Dafür spräche seine Weigerung, ihr Veronal zu besorgen. Sieht er diesen Plan für gescheitert an, als die Polizisten sie erschießen wollen? Und tötet er sie, weil er glaubt, er werde es am schonendsten tun, weil er von ihrem Schicksal tief angerührt ist? Dies bleiben offene Fragen, die jeder Leser sich selbst beantworten muß. Das Grauen, das von dem jämmerlichen Sterben der jungen Frau auf uns übergeht, drückt Zofia Nałkowska durch die Rahmenfigur aus. Der Mann kann ihren Tod nicht fassen, nicht begreifen, nicht vergessen. Der Zeuge findet es unverständlich, daß der junge Mann die Frau erschoß. Aber er selbst tat nichts für sie. Seine Gestalt bleibt völlig im dunklen.

Obgleich Zofia Nałkowska Entsetzliches erzählt, meidet sie grelle Akzente. Ihre Sprache ist eher unterkühlt, dazu dicht und treffsicher. Naturbeschreibungen verdeutlichen die Zeit (Tageszeit, Jahreszeit) und den Ort des Geschehens (flacher, dünnbesiedelter Landstrich). Durch einige Vergleiche unterstreicht sie, daß alle Deportierten dem Tode ausgeliefert sind (Eingang zum Grab) und daß die junge Frau elend umkam (wie ein Nagel, mit dem sie an die Erde geheftet war; wie ein verwundetes Tier auf der Jagd, dem man den Rest zu geben vergessen hatte; umbringen wie einen Hund).

Henryk Bereska übertrug "Am Bahndamm" in ein einfaches, leichtverständliches Deutsch.

Methodische Hinweise

Um den Text, der als Beispiel für viele ähnliche Schicksale aufzufassen ist, richtig zu verstehen, müssen die Schüler über die Vernichtungslager aufgeklärt sein. Wenn dies noch nicht im Geschichtsunterricht geschah, sollte es in Zusammenarbeit mit dem Fachlehrer nachgeholt werden.

a) Bei einem geringen Stand des Wissens über die Konzentrationslager führt der Lehrer am besten zuerst ein kurzes Gespräch über die Tatsachen, die in der Geschichte stehen. Sie betreffen den Transport, den Fluchtweg und den Tod der Frau am Bahndamm.
b) Die Klasse versucht im arbeitsteiligen Verfahren das Verhalten der Personen aus der Zeit, in der dies geschah, zu begreifen. Sie arbeiten in sechs Gruppen über die Flüchtigen, die am Knie verletzte Frau, die Zuschauer aus der Umgegend, die Polizisten, den jungen Mann und die Rahmenfigur. Die Gruppenergebnisse werden vorgetragen. Über die beiden letzten Personen können die Schüler verschiedener Meinung sein.
c) Wenn dies der Fall ist, werden sie ausdiskutiert. Der Lehrer hält sich zurück. Er stellt nur Äußerungen richtig, die zeigen, daß dem Sprecher das Wissen über die Zeit fehlt.
d) Eine Analyse der Erzählform (der Erzähler als Quelle, der Rahmen, die Vorausdeutung im ersten Satz, die beiden Erzählphasen, offene Fragen).
e) Freiwillige - auch in Gruppen - sprechen zum Abschluß über Jugendbücher, die vom Schicksal jüdischer Jugendlicher erzählen[6]. Der Lehrer berät sie bei der Auswahl und bei der Aufstellung eines Plans, nach dem die einzelnen wichtige Themen der Bücher erarbeiten.

Literatur

[1] Literaturlexikon 20. Jahrhundert, hrsg. von Helmut Olles, rororo Handbuch, Band 2, Reinbek bei Hamburg 1971, S. 581.

[2] Jan Zygmunt Jakubowski: Moderne polnische Literatur, Warschau 1955, S. 8.

[3] Kindlers Literaturlexikon, Band IV, Zürich 1968, S. 2264.

[4] Eberhard Lämmert: Bauformen des Erzählens. 2.A. Stuttgart 1967, S. 143 f.; S. 166 f.

[5] Vgl. Kindlers Literaturlexikon, a. a. O., S. 2263.

[6] In Frage kämen: Das Tagebuch der Anne Frank, Fischer-Bücherei 77, Frankfurt am Main und Hamburg 1955; Anne Frank. Spur eines Kindes. Ein Bericht von Ernst Schnabel, Fischer-Bücherei 199, Frankfurt am Main und Hamburg 1958; Clara Asscher-Pinkhof: Sternkinder, Berlin 1961; Winfried Bruckner: Die toten Engel, Wien 1963.

3. *Hans Lipinsky-Gottersdorf: Die Geschichte von Salvadore*

Zum Text: Er gehört zur deutschen Heimkehrerliteratur nach 1945, in der es den Autoren "vornehmlich um menschliche Verhaltensweisen in ihrer Bewährung" geht[1].

Der Ort des Geschehens ist eine französische Flußlandschaft, die Zeit der Zweite Weltkrieg. Der Verfasser verwebt eine Kriegshandlung mit dem Streit dreier Zivilisten, der um ihre Stellung zu dem ins Land eindringenden Feind geführt wird.

Die Verteidiger liegen jenseits eines Flusses. Die Angreifer wollen ihn überqueren. Der Kampf ist im vollen Gange, besonders schwer tobt er um die Brücken. Ein Trupp deutscher Soldaten macht auf dem Weg zum Fluß Rast. Einige bringen auf einer Anhöhe ein Maschinengewehr in Stellung und beschießen die Franzosen. Diese schießen zurück. Eine Gruppe der kleinen Abteilung erhält den Befehl vorzurücken. Dabei wird ein junger Soldat als erster dieser frisch eingesetzten Einheit tödlich verwundet.

Mitten in diesem Kampfgelände steht Salvadores Hütte in einer schützenden Bodenfalte. Er gerät in den Krieg, den er nur als störend empfindet, weil er ihn vom Fischen abhält. Der einfache, nachdenkliche Mann liebt das Leben, seinen Beruf und die Menschen, auch seine Feinde. Haß ist ihm fremd. Darum reicht er dem müden jungen deutschen Soldaten ein Glas Wein, nennt ihn "mein Kleiner" und "Junge" und spricht mit ihm, weil er bemerkt, daß der noch nicht Zwanzigjährige Angst vor seinem ersten Gefecht hat. Den schwer Verwundeten läßt er in seine Hütte bringen, trägt ihn in sein eigenes Bett und versucht, ihm das Sterben zu erleichtern. Zuerst macht er ihm Hoffnung, daß er wieder genesen werde, zuletzt vertröstet er ihn mit einem Leben drüben, in dem alles "leichter zu verstehen" sein wird als hier auf Erden.

Das Verhältnis Salvadores zu seiner Frau hat sich durch den Krieg verändert. Cathérine ist eine glühende Patriotin. Sie versorgt den bewaffneten Partisanen José und hält mit ihm gegen ihren Mann zusammen.

Viermal kommt es zwischen den gegensätzlich denkenden Eheleuten zu Streitgesprächen (34,26-35,13;36,35-37,4;37,39-38,17;39,21-40). Cathérine ist immer zornig und böse auf Salvadore. Mit verzerrtem Gesicht und zusammengekrallten Fingern steht sie ihm gegenüber. Sie stellt ihm José, der in ihren Augen ein Held ist, als Vorbild hin und äußert sich über ihres Mannes Ansichten mit Abscheu. In ihren Augen ist er ein Verrückter, ein Verräter und ein Lump. An die Stelle der Liebe zu ihm sind Verachtung und Haß getreten, so daß sich ihr Herz ihm gegenüber versteint hat. Ruhig sieht sie zu, als José ihn erschießt.

Im Gegensatz zu ihr vergißt Salvadore nie, daß sie ihm lange eine gute Frau war. Er möchte sie deshalb immer wieder davon überzeugen, daß sie die Dinge falsch sieht. So versucht er, ihre Vorstellungen von Heldentum und dem "gewaltigen, glorreichen Krieg" richtigzustellen. Er macht ihr klar, daß die Feinde auch Menschen sind. Nur als sie dem Sterbenden so haßerfüllt gegenübersteht, verliert er seine Geduld und spricht im Zorn Drohungen aus (erwürgen, Knochen zerschlagen). Doch bald fängt er sich wieder. Wieder möchte er mit ihr reden. Sein letzter Gedanke gilt noch ihrer Bekehrung.

Er ist einverstanden, daß sie José Essen bringt. Dem deutschen Offizier gegenüber deckt er die beiden, als er vorgibt, seine Frau sei aus dem

Fenster gesprungen, weil sie Angst vor den Feinden habe. Nach dem Kriegsgesetz ist er kein Verräter. Er verhält sich nur menschlich und hilft den Gegnern, wenn es ihnen schlecht geht. Die beiden Chauvinisten beschuldigen ihn jedoch der Begünstigung des verhaßten Feindes und des Verrats am Vaterland. José spricht das Todesurteil aus und vollstreckt es auch sofort.

Die beiden gegeneinander kämpfenden Völker werden vom Autor nicht genannt. Aber man kann auf sie aus den französischen Vornamen und dem Erscheinungsjahr der Geschichte schließen[2]. Durch die Unbestimmtheit löst Hans Lipinsky-Gottersdorf die Ereignisse aus dem historischen Kontext und hebt den Einzelfall ins Allgemeine. Für diese Auffassung spricht auch der Schlußsatz, der "die leisen Geräusche des Lebens, die in jedem Lande die gleichen sind", evoziert. Das Schicksal Salvadores bekommt paradigmatische Bedeutung für jeden Zusammenprall zwischen human denkenden Menschen und Fanatikern. In einem Gegenbeispiel hat der Verfasser dargestellt, wie die Menschlichkeit über die Feindschaft siegt[3].

"Die Geschichte von Salvadore" ist personal erzählt[4]. Nur an einer Stelle spricht der Autor in sie hinein, wenn er sagt: "Aber die Taten des Hasses sind unwiderruflich." Der Kommentar ist jedoch ein Kennzeichen des auktorialen Erzählens[5]. Salvadore ist das personale Medium des Verfassers. Wie jener lehnt er den Krieg und den Chauvinismus ab. Das läßt sich auch aus der realistischen Darstellung des Sterbens eines jungen Soldaten wie aus der Entlarvung von Josés falschem Heldentum ablesen.

Das Geschehen der beiden miteinander verflochtenen Handlungsstränge rollt in vier Szenen ab (34,1-35,13;35,14-37,16;37,17-39,11;39,12-40,15). Alle enthalten knappe wörtliche Reden, die die Sprecher charakterisieren und auch die Handlung vorantreiben. Mit dem Tode Salvadores kommt das Erzählen zu einem endgültigen Abschluß. Mit Naturbeschreibungen in leicht variierter Form rahmt der Autor seine Geschichte ein.

Sein Hauptstilmittel ist der Kontrast. Angreifer kämpfen gegen Verteidiger. Soldaten treffen auf Zivilisten. Diese stehen sich als Pazifisten und Fanatiker gegenüber. Der arbeitsame Salvadore wird dem Herumtreiber José gegenübergestellt, der bescheidene Zivilist dem barschen Offizier. Aus der guten Cathérine wurde eine böse Frau. Die Güte Salvadores gegen den sterbenden Feind hebt die Härte seines Landsmanns und seiner Frau um so deutlicher heraus. Und schließlich kontrastiert die Stille und Lautlosigkeit der Natur mit dem Kriegslärm, das Leben in ihr an einem herrlichen Tag mit dem Tod zweier Menschen.

Methodische Hinweise

a) Die Geschichte ist so einfach geschrieben und die Handlung so klar aufgebaut, daß die Schüler sie lesend erfassen können. Deshalb werden zu Beginn der Stunde nur Fragen über unverstandene Stellen geklärt und der Ort der Handlung wie die Stellung der Truppen durch eine Faustskizze an der Tafel veranschaulicht.

b) Eine Besprechung über die Verhaltensweisen der Personen
   1. Salvadore
   2. Cathérine und José
   3. Die Soldaten

Dabei halten die Schüler sich eng an den Text. Sie stellen die Gestalten so heraus, wie der Autor sie zeichnet.

c) Eine Diskussion über die Hauptfiguren und ihre Einstellung zum Feind und zum Vaterland. Die Schüler müssen sich dabei für Humanität oder Fanatismus entscheiden. Hierbei könnten Auffassungen, die sie von den Eltern übernommen haben, geklärt, vertieft, auch abgebaut werden.

d) Fünf Gruppen arbeiten über die Form und die Sprache der Erzählung. Ihre Themen heißen:

1. Ort und Zeit
2. Aufbau in Szenen
3. Die Sprache der Personen in den Dialogen
4. Kontraste
5. Naturbeschreibungen

Die Ergebnisse werden vorgetragen und von der Klasse besprochen.

e) Ein Vergleich der Geschichte mit einer Kampfszene aus einem Landserheft. Die Schüler erkennen durch die Besprechung, daß hinter Texten Ideologien stehen, durch die der Leser beeinflußt wird.

Literatur

[1] Frank Trommler: Realismus in der Prosa, in: Tendenzen der deutschen Literatur seit 1945, hrsg. von Thomas Koebner, Stuttgart 1971, S. 217.

[2] Für diese Annahme spricht auch die Aussage Salvadores auf S. 38,25-27.

[3] Hans Lipinsky-Gottersdorf: Gesang des Abenteuers, Göttingen 1956, S. 69: Der Strick.

[4] Franz K. Stanzel: Typische Formen des Romans, 2. A. Göttingen 1965, S. 39.

[5] Ebd. S. 18 f.

4. *Christian Ferber: Mimosen im Juli*

Zum Text: Er wurde 1960 auf der Tagung der Gruppe 47 in Aschaffenburg vorgelesen und in deren Almanach 1962 abgedruckt[1]. Der Verfasser nennt sich auch Simon Glas und ist Ina Seidels Sohn.

Die Handlung ist nur aus ihrer Vorgeschichte zu verstehen. Ein deutscher Offizier war einige Jahre Kommandant auf einer französischen Insel im Atlantik und übergab sie 1944 kampflos dem Gegner. Später ist er in den Nachkriegswirren verschollen. Das nazistische Deutschland brandmarkte ihn als Verräter und bestrafte seine Frau nach dem Gesetz der Sippenhaft mit Gefängnis. Seitdem sind fünfzehn Jahre vergangen. Die Witwe ist aber mit dem Schicksal ihres Mannes immer noch nicht fertig geworden. Vergeblich hatte sie sich bemüht zu erfahren, wo und wie ihr Mann gestorben und begraben ist. Sie hat die Übergabe der Insel immer als eine gute Tat angesehen. Es wäre ein großer Trost für sie, wenn sie von den Bewohnern erführe, daß sie ihren Kommandanten im Gedächtnis behalten haben, weil er sie vor dem Kriege bewahrte. Aus diesem Grunde fährt sie auf die Insel, die sie aus den Briefen ihres Mannes genau kennt.

Klieber ist - wie seine Mutter - ein Opfer des Krieges. Seit Kindertagen mußte er seines Vaters wegen viel auf sich nehmen. Aber er hilft seiner Mutter, mit ihrem Schicksal fertig zu werden. Deshalb fährt er auch mit ihr zum Atlantik, obgleich er Inseln langweilig findet. Mit "Ja, Mutter" und "Ich weiß", akzeptiert er ihre Äußerungen. Oder er wiederholt einfach ein Wort, eine Wendung aus ihrem Ausspruch (41,5;17). Er lenkt sie auch durch ein anderes Thema von ihren Gedanken ab (45,11). Wenn sie sich noch wegen seines Vaters Vorwürfe macht, beruhigt er sie (42,40-43,2). Die Kriegsereignisse überschatten das Leben des fast dreißigjährigen Mannes immer noch. Deshalb kann er nicht mehr von ihnen hören. Mit Widerwillen fragt er den Deutschen: "Sie waren im Krieg hier?" Ein Gespräch mit Cremier über die Kapitulation findet er schwierig. Er muß sich zusammennehmen, um es zu beginnen. Als er dessen Meinungen vernimmt, faßt er den Entschluß, sie seiner Mutter nicht zu übersetzen. Dafür erfindet er Aussagen, die ihren Erwartungen entsprechen: man achtete ihren Mann, er handelte aus Liebe zur Bevölkerung richtig und wußte genau, was er tat. Es bleibt offen, ob Cremier das Gespräch Kliebers mit seiner Mutter versteht. Hatte doch der Vater einmal geschrieben, er könne deutsch, gäbe es aber nicht zu. Vielleicht hat er sogar die Mutter nach einem Foto im Zimmer des Kommandanten, der bei ihm wohnte, erkannt. Sein Verhalten läßt diese Vermutungen jedenfalls zu (43,36-37;40-44,1). Kliebers Notlügen haben den erwünschten Erfolg. Das beweisen die letzten Worte der Mutter. Jetzt erscheint ihr die Tat ihres Mannes und alles, was sie für sie mit sich brachte, nicht mehr so sinnlos. Sein Name steht zwar auf keiner Marmortafel, aber sie glaubt, er sei ins Gedächtnis der Insulaner eingeschrieben. Sie hat sich endlich über sein Schicksal beruhigt.

Die Frage bleibt offen, aus welchen Motiven der Kommandant damals die Insel übergab. Wir hören drei verschiedene Meinungen über ihn. Der ehemalige Obergefreite glaubt, daß der harte Kommißkopf die Nerven verloren hatte, als er kapitulierte. Das Klima habe ihn wohl verweichlicht. Cremier gibt nur indirekt zu, daß der deutsche Offizier der Insel den Krieg ersparte. Er ist der Ansicht, daß ihm nichts anderes übriggeblieben sei. Er habe nur vernünftig gehandelt. Die Mutter wiederum idealisiert die Tat ihres Mannes: sie ist überzeugt, daß er die weiße Fahne aus Liebe zu den Menschen hißte. Alle drei vertreten nach so langer Zeit immer noch die gleichen Ansichten wie im Kriege, wenn der Gastwirt auch betont, es sei jetzt "eine andere Zeit". Vielleicht gibt die Überschrift einen Hinweis über die Auflösung der Widersprüche in den Meinungen über die Kapitulation. Wie das Bild ihres idealisierten Mannes hat sich der Mutter "die gelbe Flockenmauer" der Mimosen tief ins Gedächtnis geprägt. Cremier sagt richtig, daß sie aber jetzt im Juli nur eine gewöhnliche Hecke sei. Will der Autor mit der Überschrift "Mimosen im Juli" darauf hindeuten, daß die Tat des Deutschen aus ganz gewöhnlichen Motiven, die vom Krieg bestimmt wurden, zu verstehen ist?

Christian Ferber baut seine Geschichte in fünf Redeszenen auf. In jeder von ihnen spricht Klieber, dreimal (1., 3., 5.) mit der Mutter, einmal mit dem ehemaligen Gefreiten (2.) einmal mit Cremier (4.). Er ist auch von der Erzählform her gesehen die Hauptgestalt. In den kurzen Er-Berichten beschreibt der Autor die Szenerie und die Fortbewegung der Reisenden, oder er führt Personen ein. Diese Passagen ähneln den Regieanweisungen in einem Drama. In der Erzählung lassen sich weitere Ähnlichkeiten mit dem dramatischen Stil aufweisen: So muß sich der Leser die Vorgeschichte aus den Gesprächen zusammensetzen. Im klassischen Drama wird sie in die Einleitung verlegt[2], bei Christian Ferber finden sich bedeutsame Aussagen über die Vergangenheit in jeder Redeszene. In der ersten heißt es lediglich, der Vater lebte auf einer Insel (40,11-13). Später wird diese "eine einsame Festung" genannt (41,16-17). Der frühere Soldat berichtet in der zweiten Szene, daß der Kommandant kapitulierte (42,14-17). In der dritten erwähnt die Mutter, daß sie im Gefängnis gewesen sei (42,36). Wie die Inselbewohner über die Übergabe dachten und denken, sagt Cremier in der vierten Szene aus. Erst durch die letzten Worte der Mutter wird deutlich, daß der Vater vermißt wurde. Emil Staigers Worte über den Aufbau mancher Dramen: "Das Ganze und der letzte Sinn des Geschehens enthüllen sich erst am Schluß", treffen damit auch auf diese Erzählung zu[3].

Methodische Hinweise

Eine Gruppe interessierter Schüler informiert sich über das Ende des Zweiten Weltkriegs in Frankreich und referiert vor der Besprechung des Textes an Hand einer Karte über ihr Thema.

a) Die Vorgeschichte
   Die Schüler lesen sie aus dem Text heraus und ordnen sie zeitlich.
b) Mutter und Sohn fünfzehn Jahre nach dem Kriege
   Die Schüler erschließen aus den Gesprächen das Verhältnis der beiden zueinander und Kliebers Stellung zur Vergangenheit.
   Sie machen sich klar, welche Gründe die Mutter hatte, zur Insel zu reisen, und warum Klieber Notlügen gebraucht.
c) Die übrigen Personen: der ehemalige deutsche Obergefreite, der Gastwirt Cremier
   Die Schüler werden sich bewußt, daß beide noch nationalistisch über die Vergangenheit denken. Der Gastwirt paßt sich der Zeit aus wirtschaftlichen Überlegungen äußerlich an, der Deutsche denkt oberflächlich.
d) Die Kapitulation in verschiedener Sicht
   Die Schüler erfassen, wie die Mutter, der Obergefreite und Cremier sie sich erklären. Sie versuchen, die Meinung des Autors zu ergründen. Dazu ziehen sie die Überschrift heran.
e) Der Aufbau der Geschichte
   Die Schüler stellen fest, daß sie aus fünf Redeszenen besteht und daß sie dramatische Elemente enthält.

Literatur

[1] Almanach der Gruppe 47 1947-1962, hrsg. von Hans Werner Richter, Reinbek bei Hamburg 1962, S. 365-69.

[2] Gustav Freytag: Dramatische Werke. Technik des Dramas, Leipzig o. J., S. 590 ff.

[3] Emil Staiger: Grundbegriffe der Poetik, 7.A. Zürich.Freiburg i. Br. 1966, S. 169.

5. Max von der Grün: Kinder sind immer Erben

Zum Text: Ein Ehepaar gerät durch die Verhaftung eines Nachbarn, der im Zweiten Weltkrieg an Geiselerschießungen beteiligt war, in lang andauernde Auseinandersetzungen. Es fällt beiden zunächst schwer zu glauben, daß der hilfsbereite Mann, der seine Kinder abgöttisch liebt und sich über jede Anwendung von Gewalt maßlos erregt, ein Massenmörder ist. Beide meinen auch, daß sein Äußeres (Augen, Hände) nicht zum Bild eines Verbrechers paßt. "Er lebte wie wir", sagt die Frau hilflos.

Die Sozialpsychologie erklärt das schizophrene Verhalten der Männer, die im Frieden rechtschaffene Bürger sind, aber im Kriege grausame Gewalttaten begehen. Jede repressive Gesellschaftsordnung fordert durch Ver- und Gebote Verzichte, durch die sich in den Menschen Aggressionen aufstauen. Im Frieden kann sie niemand ausleben, ohne daß er gegen die Gesetze verstößt. Deshalb kommt es in Kriegen, Revolutionen und Progromen regelmäßig zu kollektiven Entladungen. Die Angeklagten im Auschwitzprozeß hatten sich vor und nach ihrer "Tätigkeit" im Konzentrationslager auch nichts zuschulden kommen lassen. Der Nachbar hat sich somit nur so wie viele andere verhalten, die man zum Morden abkommandierte[1].

Der Ehemann behauptet, er hätte sich geweigert, solche Befehle auszuführen. Die Aussage ist rein theoretisch.Denn man befahl ihm im Krieg nicht zu morden. Auf seine Art der Verteidigung treffen Werner Bergengruens Worte zu: "Immer am lautesten hat sich der Unversuchte entrüstet."[2] Denn der Mann diskutiert mit seiner Frau heftig, aufgebracht und ungehalten. Er schreit sie an und erklärt sie zweimal für verrückt. Die Verurteilung des Nachbarn bedeutet ihm einen Sieg der Wahrheit und Gerechtigkeit. Sie stärkt sein pharisäerhaftes Gefühl, er sei besser als der andere, und beruhigt sein Gewissen, da der Verurteilte einen Teil der Schuld, die die Armee auf sich lud, büßen muß. Vom Tage der Verhaftung an denkt der Ehemann nur an sich, seine Stellung, seinen Ruf. Er bricht den Verkehr mit der Nachbarin sofort ab, löscht alles Gute, das er mit der Familie erlebte (Kartenspiel, fröhliche Abende mit Fahrten ins Grüne, das Mitnehmen zur und von der Arbeit), aus seinem Gedächtnis aus. An den Kindern, die ihm Onkel Max nachrufen, geht er vorbei, als hätte er sie niemals gesehen. Als seine Frau ihm mitteilt, sie gehe die Nachbarin besuchen, reagiert er bestürzt und zornig und rät ihr feige, sie solle es nachts tun, damit sie keiner sieht. So widerlegt er durch Worte, Reaktionen und Handlungen sein Gerede von seiner Menschlichkeit und entlarvt sein Gerechtigkeitsgefühl als Pose, hinter der sich ein egoistischer und zur Anpassung bereiter Mann verbirgt.

Der Frau fällt es zunächst noch schwerer als ihrem Partner, an die Schuld des Nachbarn zu glauben, denn sie lernte ihn als einen herzensguten Menschen kennen. Unbegreiflich bleibt ihr, daß er nach 1945 nicht wie viele andere mit einem fremden Namen untertauchte. Weil sie den Befehlsnotstand im Krieg realistisch beurteilt, verdammt sie ihn nicht. Ob ihr Mann den Mut gehabt hätte, einen Befehl nicht auszuführen, bezweifelt sie. Das besagen ihre Worte: "Manchmal hast du auch Augen wie er, aber nur manchmal." Nach der Verhaftung sorgt sie sich um die Familie des Nachbarn, vor allem um seine Kinder. Die Mitmenschen verfemen die Unschuldigen schnell und lassen sie nach dem Grundsatz "Kinder sind immer Erben" für die Schuld des Vaters durch Isolierung und Beschimpfung (Mörderkinder) büßen. Die Ehefrau durchschaut den Mechanismus solcher Reaktionen, deshalb will sie den um die Familie gelegten Bannkreis durchbrechen. Sie stellt sich damit gegen die allgemeine Meinung und versucht, Vorurteile ihrer Mitbürger durch ihr Beispiel abzubauen. Im Gegensatz zu ihrem Mann handelt sie mutig und setzt sich für eine Veränderung festgewurzelter, ungerechter Verhaltensweisen gegen unschuldige Unglückliche ein. Die Problematik der Geschichte ist somit vielschichtig[3].

Der Autor schrieb sie in der Ich-Form. Der Ehemann erzählt, wie er und seine Frau auf die Verhaftung (45,1-47,9) und Verurteilung (47,10-48,18) ihres Nachbarn reagieren. Zweimal gibt er eine Aussage seiner Frau (45,16;46,11-16) und viermal seine Gespräche mit ihr wieder (46,24-31;35-47,7;47,19-48,5;14-18). Die Hälfte des Textes besteht aus direkten Reden. Die Dialoge werden lebendig, zuletzt leidenschaftlich geführt, da die Frau zunächst ihrer Ratlosigkeit und Sorge Ausdruck verleiht und der Mann sich heftig und erregt äußert. Beide setzen hart Meinung gegen Meinung. Ellipsen (8), Ausrufe- und Befehlssätze (10), Fragen (24) signalisieren die starke innere Beteiligung beider Partner. Durch Wiederholungen unterstreicht die Frau ihre Anteilnahme (mein Gott, sag schon) oder umstrittene Aussagen (anzeigen, die ganze Wahrheit). Als Schlüsselwort ist Kinder (20 mal) anzusehen, mit ihm weist der Autor auf das Hauptproblem der Geschichte hin. Durch die wörtlichen Reden treten die Einstellungen und Charaktere der Sprecher immer deutlicher heraus. Der Erzählabsicht des Autors gemäß demaskiert sich der Ehemann, ohne es zu wissen. Seine Frau ist als Kontrastfigur zu ihm konzipiert.

Methodische Hinweise

Da immer noch Kriegsverbrecherprozesse stattfinden, kann man annehmen, daß die Fünfzehnjährigen von ihnen gehört und auch über ihre Problematik nachgedacht haben.

a) Fünf Gruppen stellen im arbeitsteiligen Verfahren - in Form von Notizen - aus dem Text die Fakten über einzelne Punkte zusammen. Die Arbeitsergebnisse der Gruppen werden den Mitschülern vorgelegt. Sie erörtern anschließend die Problematik der einzelnen Fragen.
   1. Das Verhalten des Nachbarn im Frieden und im Krieg
      Die Schüler versuchen sich die Widersprüche in seinem Wesen zu erklären (Grausamkeit wegen propagandistisch verzerrten Feindbildes, Partisanenkrieg, die Lust an der Gewalt, legalisiertes Verbrechen).

   2.-3. Die Stellung des Ehemanns zur Tat des Nachbarn und sein Verhalten den Angehörigen gegenüber
      Die Schüler erkennen, daß er große Worte macht, daß aber seine Taten ihnen widersprechen.

   4.-5. Die Meinung der Frau über den Befehlsnotstand und ihre Haltung der verfemten Familie gegenüber
      Die Schüler erkennen, daß die Frau über die Kriegsverbrechen realistisch denkt und daß sie sich den unschuldig Verfemten gegenüber human verhält.

b) Eine Aussprache über die Überschrift
   Aus ihr entwickelt sich ein Gespräch über Vorurteile und Kollektivverhalten gegen Benachteiligte.

c) Die Form der Geschichte
Zur Sprache kommen die Ich-Erzählung, die beiden Erzählschritte, das Verhältnis der Gespräche zum berichtenden Text, die Charakteristik der Gesprächsführung, die Sprache der beiden Streitenden[4].

Literatur

[1] Arno Plack, a. a. O., S. 298.

[2] Werner Bergengruen: Dies irae, 2.A. München 1947, S. 43.

[3] Alfred Clemens Baumgärtner: Literarische Erziehung mit dem Lesebuch "Auswahl", Kamps pädagogische Taschenbücher 43/44, Bochum o. J., S. 287 engt seine Deutung zu stark auf die Person des Ich-Erzählers ein.

[4] Vgl. hierzu: Bernhard Sowinski: Lesebucharbeit. Hauptschule, Bochum o. J., S. 165 f.

IV. DER MENSCH IN SEINEM VERHÄLTNIS ZU SICH SELBST

Didaktische Überlegungen

Es fällt uns schwer, unsere Handlungen, unsere Vergangenheit und unsere Lebensführung richtig zu beurteilen. Der Grund dafür liegt darin, daß die Distanz zur eigenen Person zeitlebens geringer bleibt als die zur Außenwelt. "Mit zunehmendem Alter ... gewinnt der Mensch jedoch einen gewissen Abstand zu sich selbst, er ist in der Lage, sich bis zu einem gewissen Grad 'objektiv' zu sehen, so wie man andere Objekte wahrnimmt."[1] Die Texte dieser Gruppe geben den Fünfzehnjährigen Einblicke in die Probleme, die bei der Selbstbeurteilung entstehen, und zeigen auf, wie Menschen mit ihnen fertig werden.

Die drei Mädchen in Ilse Aichingers Geschichte "Die Silbermünze" geraten in eine Situation, die sie überfordert. Verunsichert kaufen sie, bereuen ihr Tun und löschen das Erlebnis aus, indem sie die Karten verbrennen. Die Schüler sollten erkennen, daß die Autorin das Verhalten der Mädchen als Sinnbild für das Kindsein ansieht, das sich gegen die Erwachsenenwelt wehrt und sie ablehnt. Es müßte ihnen auch begreiflich gemacht werden, daß durch diese Art der Verdrängung in vielen Fällen seelische Schäden entstehen, die den Menschen jahrzehntelang belasten, wie Sigmund Freud erkannt hat.

Marie Luise Kaschnitz geht den Weg, den Freud als den richtigen ansieht. Sie macht sich bewußt, wie sie als Kind war, weil sie sich ungern an ihre Kinderzeit erinnerte[2]. Im "Haus der Kindheit" erlebt sie noch einmal die Schrecken und Ängste aus jenen Tagen, aber auch "die Augenblikke der Glückseligkeit und der Geborgenheit"[3], so daß zuletzt das wahre Bild ihrer Kinderzeit vor ihr steht und sie sie so, wie sie war, akzeptiert. In unserem Text setzt sie sich ebenso schonungslos mit ihrer Wandlung vom Kind zur Jugendlichen auseinander. Sie sagt dazu: "Ich halte die Geschichte 'Das dicke Kind' für meine beste Erzählung, weil sie am kühnsten und am grausamsten ist. So grausam zu sein, konnte mir nur gelingen, weil das Objekt dieser Grausamkeit ich selber war."[4] Diese Haltung ihrer eigenen Person gegenüber wird bei den Fünfzehnjährigen auf großes Verständnis stoßen, weil der Wertbegriff Ehrlichkeit bei ihnen den höchsten Stand während des ganzen Lebens erreicht[5]. Da die Schüler außerdem die Entwicklungsnöte, die die Reifung mit sich bringt, unlängst an sich selbst erfahren haben, darf man ihr Interesse für die Problematik voraussetzen. Die Besprechung der Geschichte könnte ihnen im besten Fall Anstöße geben, über ihre eigene Kindheit nachzudenken und sie objektiver sehen zu lernen.

Abdérito, die Hauptgestalt in Maria Judite de Carvalhos Erzählung "Das Leben und der Traum" stellt den jugendlichen Lesern eine Lebensführung vor Augen, die in völligem Gegensatz zu der von Marie Luise Kaschnitz steht. Die Autorin hebt ihr Kindsein ins helle Licht des Bewußtseins, um sich selbst zu erkennen. Der Buchhalter führt jahrzehntelang eine Doppelexistenz, ohne je über sie nachzudenken. Man kann von seinen Tagträumen mit Ernst Bloch sagen, sie spielen "das Erwünschte auf, wie es hätte sein können"[6], und ihnen damit eine Berechtigung für das unerfüllte Leben des Mannes zusprechen. Es muß allerdings hinzugesetzt werden, daß die lebenslange Gewöhnung an sie seine Energie, die Wirklichkeit zu gestalten und zu verändern, lähmt. Eine Analyse und rationale Aufarbeitung seiner Tagträume hätten Abderito aus seiner Verkrustung befreien können. Da die Fünfzehnjährigen auch Lebenspläne ausspinnen, ist der Text geeignet, sie zur Einsicht zu bringen, daß diese erschlaffend wirken, wenn aus ihnen niemals Antriebskräfte gewonnen werden, die zu ihrer Verwirklichung führen.

Literatur

[1] Rolf Oerter: Moderne Entwicklungspsychologie, 11. A. Donauwörth 1972, S. 391.

[2] Marie Luise Kaschnitz: Das Haus der Kindheit, Hamburg 1965, S. 11 und 132.

[3] Ebd. S. 142.

[4] Horst Bienek: Werkstattgespräche mit Schriftstellern, 2. A. München 1962, S. 42.

[5] Rolf Oerter, a. a. O., S. 248 f.

[6] Ernst Bloch: Das Prinzip Hoffnung 1, Suhrkamp Taschenbuch Wissenschaft 3, Frankfurt am Main 1973, S. 31.

1. Ilse Aichinger: Die Silbermünze

Zum Text: Käufe an der Wohnungstür bedeuten eine Überrumpelung des Käufers. Unvorbereitet soll er plötzlich jemandem eine Ware abnehmen. Dabei bleibt ihm kaum Zeit, darüber nachzudenken, ob er sie braucht und sie preiswert ist[1]. Ambulante Händler behaupten außerdem oft, daß sie sich in einer Notlage befinden oder daß sie einen Teil des Gewinns, den ihre Verkäufe einbringen, guten Zwecken zukommen lassen. Die Angesprochenen kaufen deshalb oft aus Mitleid oder sozialem Verantwortungsgefühl. Kinder wissen noch weniger als Erwachsene, was sie in solch einer Situation tun sollen. Die drei Mädchen in Ilse Aichingers Text nehmen die Karten "zögernd" in die Hand, zwei von ihnen betrachten sie lange "angestrengt und hilflos". Zwischendurch sehen sie "hilfesuchend" dem Lautsprecherwagen nach. Der schwerkriegsverletzte Mann und die Farben der Postkarten wirken lähmend auf ihren Willen und ihr Denken. So kaufen sie wie unter einem Zwang. Erst als der Fremde fort ist, kommen ihnen Zweifel, ob seine Aussagen stimmen. Noch später geht ihnen auf, daß der Preis für die Karten zu hoch war. Ihre Verhaltensweisen spiegeln die drei Möglichkeiten, mit denen die Menschen allgemein auf solche Käufe reagieren. Sie jammern um das verlorene Geld (die Jüngste); sie versuchen das Geschäft rückgängig zu machen (die Mittlere); sie entledigen sich drastisch der unerwünschten Ware (die Älteste). So gesehen könnte man "Die Silbermünze" als realistische Geschichte bezeichnen, zumal der Bericht fast ausschließlich Wirklichkeit beschreibt.

Aber es finden sich im Text einige Adjektive, besonders Farbbenennungen, Substantive und Metaphern, die die Wirklichkeit übersteigen. Sie verweisen auf eine textimmanente Wahrheit. Ilse Aichinger "dichtet die

Tatsachen und zugleich deren Transparenz", sagt Werner Weber[2]. Der Fremde betrachtet eine "geknickte Sonnenblume" und bringt den Geruch "verfaulter Zitronen" ins Haus. Fliegen kommen während seines Besuchs in die Küche. Das Schwarz und das Weiß auf den mit Kohle gezeichneten Karten spielen ins Grau hinüber und wirken traurig. Das öde Grün des Umschlags vermittelt den Eindruck, als sei es mit Straßenstaub übersprüht. Alles, was mit dem Fremden zusammenhängt, besitzt eine Affinität zum Unklaren, Schmutzigen, ja Verfaulten.

Die Bilder, die die Kinder sonst von der Welt aufnehmen, sind dagegen eindeutig und klar umrissen: die Reiter, die bunten Luftballons, der kleine Lastzug, der gelbe Lautsprecherwagen. Einige von ihnen strahlen in leuchtenden Farben wie die roten Tomaten und Johannisbeeren, die die Mädchen bezeichnenderweise später waschen. Die Silbermünze glänzt, von ihr gehen Kühle, Schlaf und Ruhe aus. Diese Worte lassen den Schluß zu, daß das Fünfmarkstück als Symbol für die klar geordnete und sichere Welt der Kinder gemeint ist. In sie dringt mit dem fremden Mann die schwer durchschaubare Wirklichkeit der Erwachsenen hinein. In ihr sind die Überanstrengung (Schwitzen, Hand auf dem Herzen, verärgertes Gesicht), Verstellung, Übervorteilung die Regel. Mit der Kinderlähmung drückt die Autorin aus, daß all dies die Seinsweise der Kinder zerstört. Das Wesentliche geht ihnen verloren. Das besagen die metaphorischen Aussagen der Mädchen: "Dort nimmt er die Ähren aus"; "und knöpft den Wolken das Weiß ab."

Helga-Maleen Gerresheim sagt von den Kindern im Werke der Autorin, ihnen "ist selten etwas gewiß, aber sie sind instinktsicher"[3]. Die drei Mädchen verbrennen die Postkarten. Ob der Mann log oder nicht, ist ihnen danach gleichgültig. Sie haben ihr ursprüngliches Verhältnis zur Welt wiedergewonnen. Das drückt Ilse Aichinger durch den Vergleich aus: die Sonne sieht "silbrig und still aus wie ein großes Fünfmarkstück". Wie der Junge in der Geschichte "Der Hauslehrer"[4] mißtrauen die Mädchen nach diesem Erlebnis den Erwachsenen. Sie antworten der fragenden Stimme von oben nicht.

Ilse Aichinger wählt oft Kinder als Hauptpersonen ihrer Erzählungen[5]. Denn die Dichterin glaubt, daß sie mit ihren "unverbildeten Anlagen und Fähigkeiten der wirklichen Wirklichkeit am nächsten stehen"[6].

Ihre Sprache zeichnet sich durch Knappheit, Klarheit und Anschaulichkeit aus. Sie baut die fiktive Welt Zug um Zug aus der Sicht der Kinder auf. Visuelle Eindrücke überwiegen, das signalisieren die häufigen Anwendungen von sehen (48,1;3;12;49,18;33;36;38;50,21;33) und betrachten (49,9;28;50,12). Geräusche werden seltener (49,16;50,6;24;29) und ein Geruch nur einmal (48,14) registriert. Knappe wörtliche Reden und Redeszenen treiben die Handlung voran oder geben die Meinungen der Mädchen zu ihrem Erleben wieder. "Die Silbermünze" setzt wie eine Kurzgeschichte unmittelbar mit dem Erzählen ein. Wie in den Texten ihrer ersten Geschichtensammlung erschließt sich der Sinn des Erzählten auch in unserem Falle erst voll vom pointierten Schluß her[7].

Methodische Hinweise

a) Die Schüler erschließen sich in einem Unterrichtsgespräch die Handlung. Sie versuchen, die Mädchen zu verstehen. Dazu ziehen sie eigene

Erfahrungen mit Verkäufern an der Tür heran.

b) Aus einer Gegenüberstellung des ersten Absatzes und einiger Sätze (49,26-27;50,23-24) erkennen die Schüler, daß Ilse Aichinger einmal die Dinge präzise benennt, aber auch Formulierungen wählt, die die Wirklichkeit übersteigen und gedeutet werden müssen. Die Klasse untersucht den Text nach weiteren Wörtern und Wendungen, die sie als Zeichen für etwas ansehen und die sie sich zu erklären versuchen.
c) Ein Gespräch über Ilse Aichingers Sprache könnte zu den gleichen Ergebnissen führen.
d) Um zu einem Verstehen des Erzählten vorzudringen, stellen die Schüler zunächst alle Stellen zusammen, die einmal für den Fremden und zum anderen für die Kinder charakteristisch sind. Die Bedeutungsfelder werden anschließend auf ihren Sinn befragt. Der Lehrer hält sich zurück, er weist nur auf wichtige Aussagen hin. Die Schüler erschließen sich die Geschichte von ihrem Literaturverständnis aus. Dabei lernen sie interpretieren.

Literatur

[1] Der deutsche Bundestag hat deshalb ein Gesetz verabschiedet, nach dem jeder Käufer eine Woche Zeit hat, den Kauf rückgängig zu machen.

[2] Werner Weber: Ilse Aichinger, in: Schriftsteller der Gegenwart. Deutsche Literatur, Olten und Freiburg i. Br. 1963, S. 16.

[3] Helga-Maleen Gerresheim: Ilse Aichinger, in: Deutsche Dichter der Gegenwart, hrsg. von Benno von Wiese, Berlin 1973, S. 483.

[4] Ilse Aichinger: Der Gefesselte, Frankfurt am Main 1954, S. 35.

[5] Werner Eggers: Ilse Aichinger, in: Deutsche Literatur seit 1945 in Einzeldarstellungen, hrsg. von Dietrich Weber, 2. A. Stuttgart 1970, S. 262.

[6] Helga-Maleen Gerresheim, a. a. O., S. 482.

[7] Ilse Aichinger: Über das Erzählen in dieser Zeit, in: Die Literatur 1, 1952, Nr. 6, S. 1.

2. *Marie Luise Kaschnitz: Das dicke Kind*

Zum Text: Kindheit und Heimat gehören zu den bevorzugten Themen im lyrischen und epischen Werk der Autorin[1]. In dieser Erzählung begegnet sie als Erwachsene ihrem kindlichen Ich und erlebt dessen Wandlung in eine Jugendliche mit.

Aus dem Text ist abzulesen, daß Marie Luise Kaschnitz sich selbst als Kind nicht akzeptiert hat. Sie wäre gern so wie eine ihrer beiden älteren Schwestern gewesen: schlank, anmutig, sportlich wie musisch begabt und frei von jedem Angstgefühl ("das Kind nach meinem Herzen"). Sie selbst war aber dick, träge, dumpf, ungeschickt, weinerlich und gab sich kalt und uninteressiert[2]. Noch als Fünfzigjährige[3] haßt die Verfasserin ihr damaliges Sosein. Sie drückt dies durch die Reaktionen der

Frau auf die Erscheinung des dicken Kindes aus. Sein Wesen erfüllt sie mit Abneigung. "Alles an ihm hat mich abgestoßen, seine trägen Glieder, sein hübsches, fettes Gesicht, seine Art zu sprechen, die zugleich schläfrig und anmaßend war." Deshalb betrachtet sie das Mädchen "feindlich und stumm" und behandelt es "grausam und kalt". Sie fühlt eine sonderbare Rachsucht in sich aufsteigen und ist so verstimmt, daß sie auf alles an dem Kind gereizt reagiert. Am liebsten möchte sie die Besucherin wie ein lästiges Tier aus ihrem Zimmer stoßen. Den Ausdruck des Schmerzes im Gesicht des dicken Mädchens nimmt sie nicht wahr (52,4; 53,38). Die Worte: "Ja, gewiß, ich habe dieses Kind von Anfang an gehaßt", und noch stärker die Tatsache, daß die Ich-Erzählerin kein Erbarmen spürt, als das Mädchen dem Tode durch Ertrinken nahe ist, verraten, daß die Autorin ihr früheres Selbst sogar vernichten möchte. Mit unerbittlicher Wahrhaftigkeit äußert sich Marie Luise Kaschnitz über ihren Selbsthaß.

In jedem autobiographischen Werk entsteht eine Spannung zwischen dem erzählenden und dem erlebenden Ich, weil der reifer gewordene Mensch sein Verhalten anders als zur Zeit der Erlebnisse sieht und beurteilt[4]. Durch den Kunstgriff, ihr kindliches Ich als fiktive Person auftreten zu lassen und sie mit ihrem erwachsenen zu konfrontieren, steigert die Verfasserin die Spannungsmöglichkeiten beträchtlich. Dabei läßt sie das Kind wenig tun und sagen, was Anlaß zu einer so starken Ablehnung der Frau gäbe. Dessen bloßes Vorhandensein beunruhigt sie und flößt ihr ein Grauen ein, "das mit der Erscheinung des Kindes in gar keinem Verhältnis stand". Es verunsichert sie so, daß sie in seiner Gegenwart nicht schreiben kann, am Bleistift dreht, zittert und törichte Fragen stellt. Am Anfang sagt die Autorin: "Es kam mir bekannt, aber doch nicht richtig bekannt vor." Von diesen Worten spannt sich ein Bogen bis zum Ende der Erzählung, als sie sich in ihm endlich selbst erkennt. Zwischendurch wird sie von dem Gefühl gepeinigt, sie müsse herausfinden, wer das Mädchen ist. Von ihm ist ein Anruf an sie ergangen, dem sie sich nicht entziehen kann: die Aufgabe ihr kindliches Ich anzunehmen.

Weil sie ergründen will, wer das ihr so unsympathische Geschöpf ist, gerät sie in ein ambivalentes Verhältnis zu ihm. Es stößt sie ab und zieht sie auch an. Mehrmals gibt sie dem Kinde gegen ihren Willen nach. Die adversativen Aber und die Satzeinleitungen mit obgleich signalisieren, daß sie es wie unter einem Zwang tut (52,34;53,17;31;52,29). Sie wünscht sehnlichst, es möchte gehen, aber als es ihr Zimmer verläßt, folgt sie ihm; denn sie empfindet "etwas wie eine Aufforderung" und vernimmt "einen unhörbaren dringlichen Ruf", es nicht aus den Augen zu lassen. Sie bleibt ungerührt, als das dicke Kind einbricht. Aber als sie sieht, daß sich das Mädchen, zäh ringend, rettet, möchte sie ihm helfen. Durch die ambivalente Einstellung zu ihrem früheren Ich veranschaulicht die Autorin, wie sehr der Mensch sich sträubt, zur Selbsterkenntnis zu gelangen, obgleich er sich wünscht, sie zu besitzen.

Durch das Erscheinen des Kindes tritt in die reale Welt der Frau das Phantastisch-Unbegreifliche ein. Ihre Kindergestalt und die Landschaft der Kindheit sind wieder vorhanden. Ludwig Rohner weist nach, daß die deutsche Kurzgeschichte - zu der er die Erzählungen der Autorin rechnet - seit 1945 eine Affinität zur Mischung von Phantasie und Wirklichkeit besitzt. Er nennt die so entstehende fiktive Welt Zwischenland[5]. "Das dicke Kind" spielt im Zwischenland eines Tagtraums, der durch das Bildchen der Zwölfjährigen hervorgerufen wird.

In ihm setzt sich Marie Luise Kaschnitz mit ihrem eigenen Werden auseinander. Sie entwickelte sich aus einem dumpfen, trägen Kinde zu einer willensstarken und leidenschaftlichen Jugendlichen. Für dieses Reifen, das Jahre beanspruchte, wählt sie ein einprägsames Bild: sie läßt das Kind mit dem Wasser um sein Leben kämpfen und sich dabei verändern. Da jeder heranwachsende Mensch die Gepflogenheiten der Kinderzeit während der Pubertät einmal ablegen und eine neue Einstellung zur Welt und zu sich selbst gewinnen muß, läßt sich das Bild auf die Entwicklung aller Jugendlichen übertragen. Die Worte "ein schreckliches Ringen um Befreiung und Verwandlung" kennzeichnen die Nöte, in die jeder Reifende gerät. Deshalb deutet Anita Baus die Erzählung vom entwicklungspsychologischen Ansatz[6]. Dem besonderen Fall kommt somit Allgemeingültigkeit zu.

Die Ich-Erzählerin vergleicht das Kind mehrmals mit einer fetten Raupe (53,14;19;54,25). Am Schluß spricht sie vom "Aufbrechen des Gespinstes" und deutet damit auf die Metamorphose des Schmetterlings hin. Diese Metapher trifft nur auf die erstaunliche Wandlung der Autorin und ähnlich gelagerte Fälle zu, wenn man das Bild der Raupe und des Schmetterlings im Auge behält. Der Begriff Metamorphose paßt hingegen für die Veränderung jedes Kindes, das sich zum Jugendlichen entwickelt. Das Schmatzen des essenden Mädchens erinnert die Ich-Erzählerin an das träge Geräusch eines schwarzen Weihers im Walde. Marie Luise Kaschnitz sieht ihre Wandlung damit unter einem neuen Aspekt. Ihr Kindsein verkörpert für sie "alles wässerig Dumpfe, alles Schwere und Trübe der Menschennatur". Im Gegensatz dazu stehen die Flexibilität, die Klarheit des Bewußtseins und die Vergeistigung: Züge, die das Leben wie das Werk der Autorin bestimmen. Werner Zimmermann geht von diesem Bild aus und deutet die Begegnung mit dem früheren Ich als Vorgang der Selbsterkenntnis, bei der der Mensch "das Dumpfe, Schwere und Trübe in seiner Natur erkennt und annimmt, als Ruf und Auftrag des Schicksals"[7].

Die Ich-Erzählerin führt das Mädchen im ersten Satz ein und berichtet anschließend, daß sie Bücher an Kinder auslieh. Im zweiten Absatz kommt sie auf die Besucherin zurück, die sich in jeder Beziehung von allen anderen Kindern unterscheidet (Tag, plötzliches Eintreten, Kleidung, Aussehen). Der erste Erzählschritt (51,1-54,29) spielt im Zimmer. Das Mädchen findet sich bei der Frau ein. Dieser fällt es schwer, in Kontakt mit ihm zu kommen. Ihre beiden Fragen beantwortet das Kind nicht. In zwei Gesprächen gibt es nur kurze, manchmal ungewöhnliche Auskünfte. Dreimal lauten sie "Ja" und dreimal "Ich weiß nicht". Erst bei der Erwähnung der Schwester zeigt es sich gesprächig. Am Essen, das die Frau ihm vorsetzt, ist es dagegen sehr interessiert. Es verzehrt es "langsam und stetig".

Im zweiten Erzählschritt (54,30-56,40) befinden sich beide Gestalten im Freien. Nun kommt die Frau zu dem Kinde. Das Tauwetter begründet das Einbrechen des dicken Mädchens und kündet zugleich die Veränderung, die mit ihm in Gang kommt, an.

Die Erzählung ist auf das Ende hin geschrieben. Die erzählende Frau und der Leser bleiben bis zum letzten Absatz (57,1-7) im ungewissen, wer das Kind ist. Marie Luise Kaschnitz hat "das Thema der Selbstbegegnung auf eine überraschende und die Spannung bis zuletzt haltende Weise höchst kunstvoll durchgeführt"[8] und "von Anfang bis Ende dramatisch gestaltet"[9].

Methodische Hinweise

Die Schüler sollten sich möglichst eigenständig mit dem Inhalt und der Problematik des Textes auseinandersetzen und ihn von ihrer Lebenserfahrung aus deuten. Der Lehrer gibt nur Denkanstöße, wenn es notwendig ist.

a) Um die Atmosphäre bei der Aussprache nicht von Anbeginn durch lautstarke Ablehnungen der phantastischen Züge von seiten der Realisten in der Gruppe zerstören zu lassen, beginnt die Stunde mit der Interpretation des Schlusses. Das Ziel des Arbeitsschrittes ist: die Schüler erkennen, es handelt sich um eine Art Tagtraum.

b) Ein Unterrichtsgespräch kreist um folgende Themen:
   1. Das Wesen und Verhalten des Kindes; seine Wandlung und die Umstände, die zu ihr hinführen
   2. Die Abneigung der Erwachsenen gegen das dicke Kind und ihre zwiespältige Einstellung zu ihm
   3. Die Rolle der Schwester für beide Gestalten

c) Die Klasse reflektiert über die Gründe, die die Erwachsene zum Haß auf das Kind führen.

d) Die Schüler dringen zum symbolischen Gehalt der Erzählung vor. Sie erklären sich, warum die Autorin für die Geschichte das Zwischenland von Traum und Wirklichkeit wählte. An dem Vergleich: Raupe - Schmetterling erkennen sie, daß Marie Luise Kaschnitz von einer besonderen Wandlung vom Kinde zum jungen Menschen spricht. Der Begriff Metamorphose paßt hingegen für jeden Reifungsvorgang. Am Bild des Weihers wird ihnen klar, daß es auch um die Entwicklung vom Unbewußten zum Bewußten, damit um Selbsterkenntnis und Selbstannahme geht.

e) Vier Gruppen untersuchen den Text im arbeitsteiligen Verfahren auf folgende Themen hin:
   Die Einführung des Kindes, der Aufbau der Geschichte in zwei Erzählschritte, der Spannungsbogen, die Bedeutung des Schlusses. Die Klasse setzt sich mit den Ergebnissen dieses Arbeitsschrittes auseinander.

Literatur

1 Lotte Köhler: Marie Luise Kaschnitz, in: Deutsche Dichter der Gegenwart. Ihr Leben und ihr Werk, hrsg. von Benno von Wiese, Berlin 1973, S. 158.

2 Sie war aber hochsensibel. S. "Das Haus der Kindheit", a. a. O., S. 72 f.;85;89;132 f. Sie dichtete als Kind. S. "Das Haus der Kindheit",a. a. O., S. 78 f. Sie führte auch schon als Kind ein Tagebuch. S. Marie Luise Kaschnitz: Warum ich nicht wie Georg Trakl schreibe, in: Fünfzehn Autoren suchen sich selbst, hrsg. von Uwe Schultz, München 1967, S. 87.

3 "Das dicke Kind" erschien zuerst in: Die Gegenwart 1951, Nr. 9.

4 Franz K. Stanzel: Typische Formen des Romans, 2. A. Göttingen 1965, S. 32 ff.

5 Ludwig Rohner: Theorie der Kurzgeschichte, Frankfurt am Main 1973, S. 181 ff.

[6] Anita Baus: Standortbestimmung als Prozeß. Eine Untersuchung zur Prosa von Marie Luise Kaschnitz, Bonn 1974, S. 261 ff.

[7] Werner Zimmermann: Deutsche Prosadichtungen der Gegenwart, Teil III, 2. A. Düsseldorf 1962, S. 181 f.

[8] Lotte Köhler, a. a. O., S. 160.

[9] Helga Filzek: Das dicke Kind, in: Interpretationen zu Marie Luise Kaschnitz, hrsg. von Rupert Hirschenauer und Albrecht Weber, München 1969, S. 55.

3. Maria Judite de Carvalho: Das Leben und der Traum

Zum Text: Eine Stelle bietet für seine Interpretation einen guten Ansatz. "Wir gestalten uns nicht selbst, sondern werden durch die Umwelt geformt", kommentiert die Autorin. Auf Abdérito bezogen bedeuten die Worte, daß sein Wesen wie sein Leben von seinem sozialen Milieu geprägt wurden. Als er fast noch ein Kind war, trat er in die Bank als Lehrling ein. Durch seinen Eifer und seine Geschicklichkeit kletterte er im Lauf vieler Jahre auf einen gehobenen Posten empor. Das Räderwerk des großen Betriebes machte aus ihm mit der Zeit ein gut funktionierendes Rädchen. Die monotone Arbeit tötete seine Initiative, seine Wünsche und Flexibilität. Für ihn kommt deshalb das Angebot seines Chefs, eine Filiale in Lourenço Marques zu übernehmen, zu spät. Von diesem Aspekt her deutet Clemens A. Baumgärtner die Geschichte[1].

Aber die Charakteristik Abdéritos durch die Autorin wie die Beschreibung seiner Ehe und seiner Freizeit enthalten weitere Hinweise für ihre Interpretation. Von dem Bankangestellten heißt es, er war ruhig, "ein Mensch ohne sehr große Freuden und auch ohne unerträgliche Kümmernisse". Seine Gefühle sind schwach, sie bereichern sein Leben nicht. Er nahm "ein armes, hohles Persönchen" zur Frau, die er insgeheim verachtet (60,40) und belügt (58,28;60,38), obgleich er Lügen verabscheut. Seine Ehe läuft genauso freudlos und monoton ab wie sein Berufsleben. Er ist ein methodischer Mensch, der auch sein Privatleben nach unabänderlichen Regeln führt: Am Samstagabend ins Kino, am Sonntagmorgen zur Messe, nachmittags zum Hafen oder Flugplatz. Er küßt seine Frau nur aus Gewohnheit. Die Bücher seiner Jugend liest er bis ins Alter immer wieder (Robinson Crusoe, Jules Verne), so daß er Stellen aus ihnen auswendig kann. Auf Veränderungen ist dieser vital antriebsarme Mann somit nicht angelegt, sondern auf einen geregelten Trott.

Seit Kindertagen findet er Ersatzbefriedigungen durch Lesen von Abenteuerbüchern und Atlanten. Fremde Namen, vor allem aber der Hafen und der Flugplatz regen ihn zu Tagträumen an. Der Anblick des quirlenden Treibens, der kraftvollen Docker, der "gewaltig dröhnenden Vögel" und der "riesigen Schiffe" entheben ihn für einige Augenblicke der eigenen gänzlich entgegengesetzten Existenz. In der Phantasie bricht er dann in die Ferne auf und fühlt sich als großer Abenteurer. Diese Entrückungen bedeuten ihm die Erfüllung seiner Wünsche[2]. Deshalb sind sie "die glücklichsten, reichsten und erfülltesten" Momente in seinem öden Dasein. Wenn sie vergangen sind, empfindet er Qualen darüber, daß er in

Lissabon festgebunden ist. Melancholisch kehrt er wie von einer langen Reise heim und genießt seinen Schmerz wie seine Überlegenheit über seine Frau. Auch seine Phantasieerlebnisse sind fest in sein Leben eingeplant.

Dem einfachen Mann fehlen die Verstandeskräfte und auch der Wille, um sich über die Funktion seiner Träume für sein Leben bewußt zu werden. "Er dachte selten nach. Wozu den Dingen auf den Grund gehen?" lautet seine Devise. Es lebt sich leichter mit einer Lebenslüge, mit der er sich in eine ihn befriedigende Rolle hineinsteigern kann. Sie wird entlarvt, als sein Direktor ihm anbietet, nach Lourenço Marques zu gehen. Er denkt über das Angebot überhaupt nicht nach, sondern entscheidet sich schnell, wie bisher weiterzuleben. So wie er geschaffen ist, muß er die beengende Sicherheit jedem Risiko vorziehen. Es liegt mithin ebenso an seiner Anlage wie an seiner Umwelt, daß sein Leben so öde verläuft. Sein Kollege Costa, der in dem gleichen Betrieb arbeitet, beweist, daß auch ein Bankangestellter zu einem neuen Leben in weiter Ferne aufbrechen kann. Die Auffassung, daß das Verhalten des Menschen von seiner Anlage wie den Umweltbedingungen abhängt, entspricht dem Erkenntnisstand der modernen Psychologie[3].

Die Geschichte ist in drei Erzählschritten aufgebaut. Der erste (57,1-58,15) berichtet von Abdéritos wirklichem Leben (Laufbahn, Eheschließung, Einstellung zu seiner Arbeit, Charakter). Der zweite und längste (58,16-60,14) erzählt in iterativ-durativer Raffung[4] von seinen sonntäglichen Träumen. Nach einer kurzen Rückblende auf seinen Alltag (60,15-18) stellt ihn die Autorin vor eine Entscheidung, die er seinem Wesen gemäß fällt.

Maria Judite de Carvalho weist durch viele Kontraste auf die Besonderheit der Hauptfigur hin (Abdéritos Leben - Traum; im Aufbruch begriffene Reisende, abfahrende Flugzeuge und Schiffe - der an sein Leben gebundene Bankangestellte; Abdérito - Costa, Abdérito - seine Frau; Lüge - Wahrheit). Durch Kommentare und Fragen reizt sie den Leser, sich des Mannes Verhalten zu erklären.

Methodische Hinweise

Somit besitzt der Text wie viele moderne Kurzgeschichten Aufforderungscharakter[5]. Das erleichtert die Arbeit in der Schule. Sie ließe sich in Anlehnung an Ulrich Kleins Vorschlag "Offenes" Beobachten wie folgt organisieren[6].

a) Die Schüler suchen Stellen, die Erklärungen dafür anbieten, warum Abdérito so lebte und träumte. Das führt zum Aufstellen einer ersten These. Sie könnte heißen: Das Milieu ist an seinem öden Dasein schuld.
b) Die Klasse zieht alle Stellen heran, die etwas über seinen Charakter, seine Ehe, seine Freizeit aussagen. Sie werden analysiert und zu einer zweiten These ausformuliert. Seine Anlage ließ ihn zum Träumer und nicht zum Tatmenschen - wie zum Beispiel Costa - werden.
c) Eine Diskussion über beide Thesen, bis einige Schüler erkennen, daß beide Thesen zusammen die Wahrheit enthalten: Anlage und Milieu bestimmen Abdéritos Lebensart. Dabei bleibt es den einzelnen Schülern überlassen, ob sie sich doch für eine der Thesen entscheiden und für sie plädieren.

d) Eine Aussprache über Tagträume und ihre Funktion im Leben der Menschen. Beispiele, die die Fünfzehnjährigen erzählen, werden analysiert. Ergebnis: man verwirklicht mit ihnen seine Wünsche, ohne auf Schwierigkeiten zu stoßen. An Abdéritos Leben wird den Schülern bewußt, daß durch die Gewohnheit, sich in Träume zu flüchten, die Tatkraft erschlafft.

Literatur

[1] Alfred Clemens Baumgärtner: Literarische Erziehung mit dem Lesebuch "Auswahl", Kamps pädagogische Taschenbücher 43/44, Bochum o. J., S. 327.

[2] Lexikon der Psychologie, III. Band, Basel-Wien 1972, S. 747.

[3] Rolf Oerter: Moderne Entwicklungspsychologie, 11. A. Donauwörth 1972, S. 583 ff.

[4] Eberhard Lämmert: Bauformen des Erzählens, 2. A. Stuttgart 1967, S. 84.

[5] Hans Jürgen Skorna: Die deutsche Kurzgeschichte der Nachkriegszeit im Unterricht, Ratingen 1967, S. 22.

[6] Ulrich Klein: Entdeckendes Lesen. Offenheit und Planung in der Literaturbetrachtung, Berlin. Darmstadt.Dortmund 1971, S. 71.

V. RASSENPROBLEME ZWISCHEN WEISSEN UND SCHWARZEN

Didaktische Überlegungen

Durch die Massenmedien erfahren die Jugendlichen immer wieder, daß in manchen Ländern Schwarze benachteiligt und diskriminiert werden (Rhodesien, Südafrika, Vereinigte Staaten) und daß die Neger für ihre Gleichberechtigung und Freiheit kämpfen (Vereinigte Staaten, Südafrika). Wenn die Jugend sich ein richtiges Urteil über die Emanzipation der Schwarzen bilden soll, muß sie deren Geschichte besser kennenlernen. Dazu gibt die Gruppe dieser Texte Anlaß. Sie hilft auch die Klischees über Neger abzubauen, die die Heranwachsenden aus der Jugendliteratur übernommen haben[1].

Seit 1619 wurden Millionen Schwarze als Sklaven nach Amerika verkauft. Als völlig Entrechtete arbeiteten sie hart auf den Baumwollplantagen der Südstaaten. Als die Sklaverei 1865 abgeschafft wurde, besaßen sie nichts. So war ein neuer Anfang für sie unmöglich. Die große Masse der Neger sank schnell zur untersten Schicht des Proletariats herab. Auch die Bürgerrechte haben wenig daran geändert. Die schwarzen Bürger Amerikas leben heute noch arm und oft arbeitslos in Gettos unter menschenunwürdigen Bedingungen[2]. Die weißen Amerikaner haben ihre Rassenvorurteile nicht abgelegt. Sie erzogen die Neger jahrhundertelang so, daß diese wie Weiße sein und leben wollten. Das änderte sich erst durch eine immer stärker werdende schwarze nationale Bewegung[3]. Sie weckte in den Negern das Bewußtsein des Werts ihrer Rasse und den Stolz auf ihre Herkunft und Eigenart. Dadurch wurden die schöpferischen Energien der Schwarzen freigesetzt. Sie schufen sich eine eigene, die neoafrikanische Kultur.

Langston Hughes ist einer ihrer wichtigsten Vertreter[4]. Er wies in seiner Poesie und Prosa seine Rasse auf ihren bitteren Weg durch die Geschichte und die Kontinente immer wieder hin, hielt ihr auch den Spiegel vor Augen, in dem sie erkannten: "So siehst du aus, schwarzer Mann – träge, faul, hoffnungslos verloren, ängstlich, du wagst dich nicht aufzumucken! Und unterschwellig war herauszuhören: Tu doch endlich was dagegen!"[5] "Die Sterne in der Flagge" erschienen 1952. An dem Text sollten die Schüler erkennen, wie die Schwarzen durch eine besondere Form der Literatur zum Nachdenken über ihre Lage in der Gesellschaft gebracht werden. "Die Gerechtigkeit für alle", die die Verfassung ihnen garantiert, gilt für sie nicht.

Jahrhundertelang herrschten die Europäer über Schwarzafrika, das sie als Kolonien unter sich aufgeteilt hatten. Wie es den Ureinwohnern dabei erging, macht Siegfried Lenz in der Geschichte "Lukas, sanftmütiger Knecht" an einem Beispiel deutlich. Sie kann nur verstanden werden, wenn man sie in den historischen Kontext setzt. Dafür gibt der Autor jedoch zu wenige Fakten.

Die Kikujus, ein Bantunegerstamm, saßen im fruchtbaren Hochland von Kenia. Sie sind intelligente, fleißige Bauern. Nach dem Ersten Weltkrieg - Siegfried Lenz gibt ein späteres Datum an - eigneten sich die Engländer ihre Besitzungen an. 1922 entstand die Kikuju Central Organisation. Ihr Sprecher, Jomo Kenyatta, der heutige Staatspräsident, trug bereits am Ende der zwanziger Jahre in London vor, daß das Hochland von Kenia nach wie vor seinem Stamm gehöre. Die Engländer warfen ihn ins Gefängnis, später verbannten sie ihn aus Kenia. Die Kikujus verarmten. Sie konnten auch nicht in andere Berufe abwandern, weil die Inder sich in ihnen festgesetzt hatten. Der Haß auf die Unterdrücker wuchs in den einundeinehalbe Millionen landhungriger Bauern immer stärker an. Sie schlossen sich der Mau-Mau-Bewegung an, die das Ziel hatte, die Weißen aus ihrem Land zu vertreiben[6]. Die Rebellen erhoben sich 1952 und kämpften mit barbarischen Mitteln. Die Engländer schlugen nicht weniger hart zurück. Die Verluste der Kikujus waren so hoch[7], daß sie sich 1956 ergeben mußten. Trotzdem wurden sie 1963 unabhängig. Während der Unruhen und auch später verließen viele Weiße das Land. Ihre Farmen wurden an die Kikujus verteilt. Heute leben beide Rassen im Hochland von Kenia friedlich nebeneinander[8].

Die Schüler lernen durch diesen Text ein Stück Kolonialgeschichte begreifen. Durch ihn verstehen sie besser, warum die Schwarzen um ihre Freiheit kämpfen. Darüber hinaus kann ihnen ein geschichtliches Gesetz bewußt gemacht werden: je größer das Maß an Ungerechtigkeit und Unterdrückung, um so grausamer rächen sich einmal die Unterdrückten an ihren Herren. Aufstände und Revolutionen beweisen diese These, die auch für die oft sehr heftigen Auseinandersetzungen zwischen den Generationen gilt. Da die Fünfzehnjährigen in der Familie, der Schule und der Lehre in dieser Beziehung Erfahrungen gesammelt haben, sind sie prädisponiert, die Freiheitsbewegungen in der Welt zu verstehen.

Ernst Schnabels "Großes Tamtam" ist ein Musterbeispiel, um den Schülern den Gegensatz zwischen dem Entwicklungsstand der kolonisierten Schwarzen und der weißen Kolonialmacht begreiflich zu machen, weil der Autor ihn mit Hilfe von vielen Daten und Ereignissen veranschaulicht. Das Lernziel für die Beschäftigung mit dem Text ist, die Jugendlichen zur Einsicht zu bringen, daß die Europäer den Negern - wie allen anderen kolonisierten Urvölkern - großes Unrecht zufügten. Sie griffen in das Leben vieler Stämme ein und zwangen sie, ihre Entwicklung abzubrechen und sich der europäischen Zivilisation anzupassen. Dadurch entstanden seelische Heimatlosigkeit bei den einzelnen und krasse Gegensätze in allen Völkern Schwarzafrikas zwischen denen, die sich anpaßten, und den anderen, die an ihren Sitten, Riten und Kulten festhielten. An den drei Texten kann die junge Generation erkennen, daß es viele Ursachen für die Schwarzen gibt, sich den Weißen gegenüber mißtrauisch, ja feindselig zu verhalten. Die Geschichte des Kolonialismus wurde bislang in den deutschen Schulen einseitig aus der Sicht der Europäer gelehrt[9].

Literatur

[1] S. Jörg Becker: Das Bild des Afro-Amerikaners im Jugendbuch, in: Das Jugendbuch als Medium literarischer Kommunikation, hrsg. von Karl Christoph Lingelbach, Charlotte Oberfeld, Marburg 1974, S. 141 ff.

[2] Vgl. Wir sind zornig und böse. Schwarze Kinder berichten, hrsg. von Nadine Lange, München 1972.

[3] Paul Jacobs, Saul Landau, Eve Pell: Brüder, sollen wir uns unterwerfen? Die verleugnete Geschichte Amerikas, München 1972, S. 91.

[4] Moderne Weltliteratur. Die Gegenwartsliteraturen Europas und Amerikas, hrsg. von Gero von Wilpert und Ivar Ivask, Stuttgart 1972, S. 427.

[5] Hubert Gundolf: Eines Tages werden wir siegen, Graz.Wien.Köln 1968, S. 296.

[6] Werner Holzer: 26 x Afrika, München 1968, S. 336 ff.

[7] Ebd. S. 348.

[8] Vgl. die Sendung von Bernhard Grzimek: Ein Platz für Tiere, vom Hessischen Rundfunk im Dezember 1973.

[9] Johannes E. Seiffert: Unterdrückte Bildungsinhalte. Ihre Bedeutung im Neuaufbau des Curriculum, in: Literaturdidaktik. Aussichten und Aufgaben, hrsg. von Jochen Vogt, Düsseldorf 1972, S. 123.

1. *Langston Hughes: Die Sterne in der Flagge*

Zum Text: Er ist dem Werk: "Laughing to keep from Crying" ("Lachen, um nicht zu weinen") entnommen, das bislang nicht ins Deutsche übersetzt wurde[1]. Die Geschichte, deren Titel im Englischen "One Friday Morning" lautet, mußte gekürzt werden, weil sie für den Umfang der Textsammlung zu lang ist.

Langston Hughes führte den Blues in die Dichtung ein und verschaffte dem Kulturerbe seiner Rasse weltweite Bedeutung[2].

Die beiden Lehrerinnen in der Erzählung kennen keine Rassenvorurteile. Fräulein Dietrich, die Kunsterzieherin, fördert die Kreativität der schwarzen wie der weißen Schüler und ist auf Nancy Lees Erfolg stolz. Die Vizerektorin, Fräulein O'Shay, entrüstet und schämt sich über den Widerruf des Kommitees. Als Irin weiß sie, wie schwer es verachtete Volksgruppen in Amerika haben, sich die Anerkennung ihrer Landsleute zu erwerben. Weil die Iren sich durchsetzen konnten, ist sie überzeugt, daß auch die Neger einmal vollberechtigte Bürger sein werden. Ihre Gleichberechtigung muß allerdings von allen, die eine wahre Demokratie aufbauen wollen, erst erkämpft werden. Deshalb ist sie entschlossen, zur Schulbehörde zu gehen, um zu verhindern, daß in Zukunft "irgendein Stipendium oder Preis einem Schüler wegen seiner Rasse oder Hautfarbe vorenthalten" wird. Ihre weißen Schüler denken wie sie. Nancy Lee spürte sechs Jahre lang kaum, daß sie eine Schwarze ist. Man räumte ihr einen bevorzugten Platz in der Schulgemeinschaft ein und erwähnte "sogar fast nie ihre Farbe". Deshalb glaubt die junge Negerin selbst noch nach ihrer Diskriminierung an die Verheißung der Sterne in der amerikanischen Flagge wie an die "unteilbare Nation mit Freiheit und Gerechtigkeit für alle".

Durch die Zeichnung der Personen entsteht der Eindruck, als ob Langston Hughes an die friedliche Integrierung der Neger glaubt. Aber das Gesamtwerk des Dichters spricht gegen diese Auffassung. Die Leiden seines Volkes auf seinem langen Weg durch die Geschichte haben sich ihm zu tief eingebrannt, als daß er das Unrecht, das den Schwarzen in Amerika angetan wird, hinnehmen könnte[3].

In seinen kurzen Geschichten stellt er in einfachen Modellen menschliche Situationen dar, die aus der Rassenproblematik in den Vereinigten Staaten erwachsen. Er kritisiert die Ereignisse nicht. Die Wirkung auf den Leser stellt sich nicht schockartig während der Lektüre ein, sondern erst während des Nachdenkens über das Gelesene. Denn Langston Hughes erzählt doppelbödig: er läßt seine Personen zwar auf eine bessere Zukunft hoffen, aber die Handlung läuft in krassem Gegensatz zu ihrem Glauben ab. Er bedient sich dabei des double-talk seiner Rasse, "jener Art des Redens, bei der man ganz etwas anderes meint als das, was man ausspricht"[4]. Diese Verfremdung gehört zu den Eigentümlichkeiten des Blue-Stils.

"Die Sterne in der Flagge" prangern die Chancenungleichheit für die schwarzen Schüler in Amerika an. Nancy Lee muß lächeln, als ihr zum Weinen zu Mute ist. Diese Stelle steht in einem direkten Bezug zum Titel der Kurzgeschichtensammlung. Die Tränen, die der schwarzen Schülerin zum Schluß trotz ihres Glaubens an die Worte des Flaggengrußes kommen, machen den Widerspruch zwischen ihrer Hoffnung und der Wirklichkeit deutlich. Sie steht stellvertretend für Millionen gedemütigter und benachteiligter Neger in den fünfziger Jahren, die trotz böser Erfahrungen an den amerikanischen Traum der Gleichheit aller glaubten, weil sie in der Schule in diesem Sinne sozialisiert wurden. Durch den double-talk hinterfragt Langston Hughes "die Gerechtigkeit für alle" und deckt sie als verlogen auf. Für die Neger gilt sie nicht, wie der Ausgang der Handlung beweist[5].

Die Geschichte besteht aus einer Einleitung (61,1-62,18) und zwei Erzählschritten. Der Autor beginnt mit der Vorausnahme des Inhalts der ersten Erzählphase: "Sie hatte den Preis gewonnen." An diesen Satz schließt er eine "aufbauende Rückwende" an[6], in der er über Nancy Lees Aussehen, Begabung, Stellung in der Schulgemeinschaft, ihre Kunsterzieherin und die soziale Lage ihrer Familie wie über ihren Rassenstolz berichtet. Diese Tatsachen bilden den Hintergrund für die Handlung, die erst mit dem ersten Erzählschritt beginnt (62,19-64,3). Nancy Lee erfährt, daß man ihr das Kunststipendium für ihr Aquarell zugesprochen hat. Aber im zweiten Erzählschritt (64,4-67,3) teilt man ihr am Freitagmorgen in demselben Raum mit, daß der Künstlerklub der Stadt im Mittelwesten seine Meinung änderte, als er erfuhr, daß sie eine Farbige ist.

Der Autor stellt die Handlung nicht geradlinig dar. Er unterbricht sie durch zwei weitere Rückblenden (62,19-27;64,13-24). Außerdem schaltet er verallgemeinernde Bemerkungen(62,2-4;64,11-13), eine Erklärung (63,20-27) und Gedanken der Hauptperson, die sich auf die Zukunft beziehen, des öfteren ein (63,40-64,3;64,6-10;16-17;21-23;66,32-36). Durch diese Form des Erzählens erhalten Vergangenheit und Zukunft ein verhältnismäßig großes Gewicht. Das ist der Problematik der Geschichte angemessen. Da der Verfasser im Imperfekt berichtet, gebraucht er für die früheren und späteren Ereignisse das Plusquamperfekt und das Futur oder die konditionale Aussage. Er setzt die Zeiten damit in einen klaren Bezug zur Handlung.

Methodische Hinweise

Einleitend vermittelt der Lehrer seiner Klasse Tatsachen über Langston Hughes' Leben, Werk und Bedeutung.

a) Die Schüler erarbeiten den Text. In einem Unterrichtsgespräch klären sie folgende Punkte:
   1. Die Einstellung der Lehrerinnen und der Schule zu Nancy Lee
   2. Nancy Lees Familie, Begabung und Rassenstolz
   3. Fräulein O'Shays und Nancy Lees Glaube an die Verwirklichung der Demokratie mit der "Gerechtigkeit für alle"
   4. Das Verhalten des Kommitees
      Die Klasse deckt den Widerspruch auf, der zwischen seiner letzten Entscheidung und den Worten des Fahnengrußes besteht.
      Die Schüler äußern sich kritisch über die Meinungsänderung des Künstlerklubs.

b) Ein Gespräch über die Erzählabsicht des Autors
   Die Schüler entdecken zwei Möglichkeiten: entweder steht er auf dem Standpunkt, daß die Neger auf friedlichem Wege die Gleichberechtigung erhalten werden, oder er deckt die Ungerechtigkeit in den Schulen auf, um sie seiner Rasse bewußt zu machen. Die Klasse denkt über beide Positionen nach und stellt fest, daß Langston Hughes keine Kritik übt, obgleich er ein rassebewußter Schwarzer ist. Sie decken den Widerspruch zwischen dem Glauben an die Sterne in der Flagge und der Zurücksetzung Nancy Lees auf. Die besondere Form des double-talk wird den Schülern durch einen Vergleich mit der Ironie verständlich gemacht.

c) Grammatisch geschulte Klassen stellen in drei Gruppen, die im arbeitsteiligen Verfahren jeweils ungefähr zwei Seiten untersuchen, fest, welche Zeiten der Verfasser benutzt. Sie erkennen die Funktion des Imperfekts, des Plusquamperfekts, des Futurs und der konditionalen Aussage für den Erzählzusammenhang. Von diesem Wissen her erarbeiten sie den Aufbau der Geschichte.

d) Eine Aussprache über die amerikanischen Rassenprobleme

Literatur

[1] Dunkle Stimmen, hrsg. von Janheinz Jahn, Frankfurt am Main.Wien.Zürich 1963, S. 417.

[2] Janheinz Jahn: Geschichte der neoafrikanischen Literatur, Düsseldorf 1966, S. 183, 192.

[3] Meine dunklen Hände. Moderne Negerlyrik, hrsg. von Eva Hesse und Paridan von dem Knesebeck, 3. A. München 1953, S. 16, 18, 22, 38.

[4] Kindlers Literaturlexikon, IV. Band, Zürich 1968, S. 1042.

[5] Monika Plessner: Onkel Tom verbrennt seine Hütte. Die literarische Revolution der schwarzen Amerikaner, Frankfurt am Main 1973, sagt auf S. 123, daß Langston Hughes Amerika keine Absage erteilte. Er war stolz, an älteren Kulturen teilzuhaben, er wollte "ein in die weiße Welt geratener Sohn schwarzer Kulturvölker sein und bleiben". Darin unterscheidet er sich von der Black Power Bewegung, die dafür kämpft, daß an Stelle der weißen Macht die schwarze tritt.

[6] Eberhard Lämmert: Bauformen des Erzählens, 2. A. Stuttgart 1967, S. 104.

2. *Siegfried Lenz: Lukas, sanftmütiger Knecht*

Zum Text: Wegen seiner Länge wurde er gekürzt. Da Siegfried Lenz zur Breite und zu Wiederholungen neigt, ist es möglich, vorsichtig Streichungen vorzunehmen, ohne die Aussage des Autors zu verändern.

Der Stoff der Geschichte ist eine Aktion aus dem Mau-Mau-Aufstand. Die beiden Hauptgestalten vertreten die feindlichen Parteien. Deshalb gibt der Verfasser keiner Person - außer Lukas - einen Namen. Mit dem sanftmütigen Knecht stellt er das Schicksal, das Wesen, den Glauben, die Riten und die Kriegsführung der Kikujus dar. Der alternde Mann, der "nie eine Jugend gehabt zu haben schien", verlor sein Land an seinen Gegenspieler, dem er vierzehn Jahre lang diente. Schweigend ging er seiner Arbeit nach. "Niemand hat besser für mich gearbeitet als Lukas, mein wunderbarer Knecht", sagt der weiße Farmer. Der Kikuju weigerte sich jedoch, europäische Neuerungen im Ackerbau anzunehmen. "Mit höflicher Trauer" lehnte er jede Einladung ins Haus des Engländers ab. So bewahrte er als Knecht seine menschliche Würde. Zwischen den beiden Männern kam es bei der gemeinsamen Arbeit zu keiner Kommunikation, weil Lukas sie nicht wünschte. Sie blieben einander immer fremd. Wie alle Kikujus besitzt Lukas eine große Leidensfähigkeit, mit der er Unrecht lange geduldig ertragen kann. Wie sein Stamm verbirgt er seine Zähigkeit, am Althergebrachten festzuhalten, seine wahre Natur und seinen Haß hinter Gelassenheit und Sanftmut. Deshalb kann Lukas einerseits ein guter Knecht sein und andererseits ein Magier und Herr über das Feuer bleiben. Nie ließ er seinen Herrn etwas von seiner Macht über die Männer seines Stammes merken. Wie er den Farmer so überraschte die Mau-Mau-Bewegung die Engländer mit ihrer Rebellion.

Der Weiße hatte sich Lukas' Farm angeeignet. Es spricht für ihn, daß er den alternden traurigen Mann nicht gehen lassen konnte. Ein guter Ausweg schien ihm zu sein, Lukas als Knecht einzustellen. Damit gerieten beide in ein ambivalentes Verhältnis, das sich durch die Erzählung mit Umkehrungen der Rollen zieht ("meine Farm, Lukas' Farm"). Der Engländer fand es vierzehn Jahre lang in Ordnung, daß der ehemalige Besitzer des Bodens, ihm, dem Landfremden, diente. Durch seine Versuche, mit Lukas in Kontakt zu kommen, zeigt er sich ihm gegenüber in seiner Weise freundlich. Wie allen Kolonialherren mangelt es ihm dennoch an Einfühlungsvermögen, sich in die Lage des enteigneten Bauern zu versetzen. Die Kultur und die Riten der Kikujus kannte er nur vom Hörensagen (69,13;71,22). Sie interessierten ihn wie alle Engländer gar nicht. Selbstsicher wollten sie in allen Kolonien ihre Zivilisation einführen.

Die Begegnung mit Lukas und seinem Gefolge setzt den weißen Farmer einer Krisensituation aus. Sie bedeutet für ihn den schrecklichen "Augenblick der Wahrheit"[1], der ihn - wie viele Gestalten in Siegfried Lenz' Werk - "an der Grenze auch von Angst und Hoffnung" dazu zwingt, die Vergangenheit rückschauend zu begreifen[2]. Der Engländer erkennt nun, wer sein sanftmütiger Knecht wirklich ist. Ihm wird auch klar, daß das Schweigen der Kikujus Schlimmes bedeutete. "Wir hätten wissen müssen, daß es (das Land) einmal sprechen würde." Endlich lernt er auch, in den Gesichtern der Schwarzen zu lesen. Er nimmt in ihnen "den fremden, gleichgültigen Blick, den Blick unaufhebbarer Ferne" wahr und den "Durst nach ihrem Land und das Heimweh nach ihrer alten Seele". In diesen qualvollen Stunden spürt und erlebt er nach sechsundvierzig Jahren, daß ihm die Bewohner wie die Natur von Kenia unheimlich und feindselig gegenüberstehen. Auf seinem Weg zu seiner Farm kommt er sogar zu der Einsicht, daß ihm wie allen anderen Weißen das Land der Kikujus nach deren Stammesrecht nie gehört hat.

Siegfried Lenz zeichnet mit ihm einen Europäer, der in einem Umlernprozeß einsieht, welches Unrecht sein Volk den Bantunegern antat. Er macht aber auch deutlich, wieviel geschehen muß, damit die ehemaligen Herren nachzudenken beginnen. Der Farmer ist den Kikujus völlig ausgeliefert. Lukas besitzt die Macht, ihn zu töten. Aber er spricht den Engländer frei und schickt ihn heim. Nach einem langen und anstrengenden Weg findet der Weiße seine Farm verbrannt vor. Seine Frau, seine Tochter und sein Nachbar sind tot. Auch in dieser Geschichte wendet Siegfried Lenz "das Schema der paradoxen Enttäuschung" an. Es tritt "gerade das ein, was nach Kräften zu vermeiden war"[3].

Mit einigen Einschränkungen kann man Edgar Neis' These zustimmen, daß die Erzählung nach den Gesetzen der klassischen Dramaturgie aufgebaut ist[4]. Nach einer kurzen Exposition (67,1-20) setzt mit dem kontrapunktischen 'Aber' eine sich steigernde Handlung ein (67,21-72,20), deren Peripetie, die Freilassung des Farmers, durch das breit beschriebene Ritual der Kikujus lange hinausgezögert wird. In gleicher Weise retardiert der Heimweg des Engländers (72,21-77,15) die Katastrophe (77,15-18). Siegfried Lenz erweckt somit zweimal Spannungen, die nicht den Erwartungen der Hauptperson entsprechen. Der Titel "Lukas, sanftmütiger Knecht", steht in einem dialektischen Spannungsverhältnis zum Verlauf der Geschichte und ist am Ende radikal in sein Gegenteil verkehrt[5].

Als Schlüsselwörter wählt der Erzähler an erster Stelle Feuer, außerdem verbrennen, Asche und Rauch. In der Exposition kommen alle gehäuft vor (Feuer 7 mal, brennen 5 mal, Asche 4 mal, Rauch 2 mal). "Feuer zieht sich als drohende und vorausdeutende Spur durch die ganze Erzählung."[6] Während der Zeremonie der Kikujus erscheint das Wort in der gekürzten Fassung zehnmal, während des Heimwegs sechsmal. In dem vier Zeilen langen Schluß herrscht Asche vor (2 mal). Feuer wie Asche kann man als Symbole für den Aufstand der Kikujus deuten. Mit Feuer verbrennen sie das Gras und die Farmen, aus der Asche wächst die neue Ernte wie die Zukunft der Eingeborenen. Für die Weißen bedeuten die Wörter das Ende ihrer Herrschaft und den Tod.

Die Ereignisse werden aus der Perspektive des weißen Farmers berichtet. Siegfried Lenz wählt die Form der Ich-Erzählung, weil sie sich zur Behandlung eines oft von ihm gewählten Themas, der Bewältigung der Vergangenheit, am besten eignet. Der Engländer wird dadurch trotz des Titels zur Hauptperson. Aber er reagiert nur, Lukas ist der Handelnde, wenn er auch im Hintergrund bleibt. Der Farmer berichtet in drei Erzählschichten: der Darstellung der Handlung im Imperfekt, der Erinnerungen an die Vergangenheit, die im Kontrast zur erzählten Gegenwart stehen, und einer Art inneren Monologs, in dem er reflektiert, Schlüsse zieht, zu Erkenntnissen gelangt, Feststellungen macht, Fragen stellt, Vermutungen hegt, Gedanken äußert und Urteile fällt. Der Anteil der drei Erzählebenen sinkt im Text in der Reihenfolge, in der ich sie aufführte.

Zur Zeit, als Siegfried Lenz "Die Jäger des Spotts" schrieb, stand er noch unter dem Einfluß Ernest Hemingways[7]. Wie dieser wiederholt er die wichtigsten Wörter und Sätze, oft in leicht variierter Form (67,1-12). Von seinem Vorbild übernimmt er auch die Vorliebe für die Parataxe. Er verbindet die Hauptsätze gern mit "und". Vereinzelt leitet er sogar Nebensätze mit "und" ein (70,11;71,18;74,8;75,31;76,9;38)[8].

Sehr genau beschreibt der Autor den Kult bei der Aufnahme der Kikujus in die Mau-Mau-Bewegung wie die afrikanische Natur mit dem brennenden Grasland, dem nächtlichen Fluß, dem Bambuswald und dem Maisfeld.

Methodische Hinweise

Vor der Aufgabe, die Geschichte daheim zu lesen, berichtet der Lehrer von Kenias Kolonialzeit und seiner Befreiung. Oder er läßt zwei freiwillige Gruppen interessierter Schüler über dieses Thema wie über die geographischen Verhältnisse des Landes arbeiten und sie ihre Ergebnisse zu Beginn der Stunde vortragen.

a) In einem Unterrichtsgespräch wird klargestellt,
   1. wie die Kikujus in die Knechtschaft gerieten und sie ertrugen, wie die Mau-Mau-Bewegung Mitglieder aufnimmt und sich rächt,
   2. wie die Doppelrolle Lukas' zu erklären ist,
   3. wie sich der Engländer während der Kolonialzeit, der Zeremonie, des Heimwegs verhält. Die Schüler erkennen, daß er einen Umlernprozeß durchmacht.

b) Die Frage, warum die Personen - außer Lukas - keine Namen haben, wird zu beantworten versucht. Die Schüler finden heraus, daß Lukas und seine Stammesgenossen die Kikujus vertreten, während der Farmer die Engländer repräsentiert. Dabei entdecken sie, daß der Autor nur Typen und keine Charaktere beschreibt.

c) Eine Diskussion 1. über die Kolonisationsmethoden der Engländer und 2. den Mau-Mau-Aufstand.

d) Eine Ausweitung dieses Themas auf alle Kolonialmächte und ihre Behandlung der Eingeborenen. Hierbei werden die aktuellen Rassenprobleme in Rhodesien und Südafrika erörtert.

e) Neun Gruppen beschäftigen sich im arbeitsteiligen Verfahren, bei dem die Aufgaben nach Seiten noch unterteilt werden können, mit folgenden Themen:
   1. Die Wiederholungen der Wörter, der Sätze
   2. Insbesondere von Feuer, brennen, Asche
   3. Der Aufbau der Geschichte
   4. Ihr Anfang und ihr Schluß
   5. Ihr Spannungsbogen
   6. Ihre Zusammensetzung aus Erlebtem, Erinnertem, Gedachtem
   7. Die Ich-Erzählung
   8. Der Titel
   9. Die Kontraste, das Vertauschen der Rollen von Herr und Knecht

   Die Gruppen tragen ihre Ergebnisse der Klasse vor. Diese äußert sich zu ihnen.

Literatur

[1] Colin A. H. Russ: Siegfried Lenz, in: Deutsche Dichter der Gegenwart. Ihr Leben und ihr Werk, hrsg. von Benno von Wiese, Berlin 1973, S. 548.

[2] Ebd. S. 546.

[3] Johann Lachinger: Siegfried Lenz, in: Deutsche Literatur in Einzeldarstellungen, hrsg. von Dietrich Weber, 2. A. Stuttgart 1970, S. 466.

[4] Edgar Neis: Erläuterungen zu Siegfried Lenz' Erzählungen, Königs Erläuterungen Band 90-91, Hollfeld/Obfr. o. J., S. 50.

[5] Johann Lachinger, a. a. O., S. 467.

[6] Ilke Heber: Lukas, sanftmütiger Knecht, in: Interpretationen zu Siegfried Lenz von einem Arbeitskreis, München 1969, S. 16.
Die Sprachform der Erzählung ist hier sehr genau untersucht.

[7] Rudolf Walter Leonhardt: Siegfried Lenz, in: Schriftsteller der Gegenwart. Deutsche Literatur, hrsg. von Klaus Nonnenmann, Olten. Freiburg i. Br. 1963, S. 219.

[8] Vgl. dazu: Joseph Warren Beach: Amerikanische Prosadichtung 1920-1940, Aschaffenburg 1947, S. 96 f.

3. *Ernst Schnabel: Großes Tamtam.*

Zum Text: Der Autor macht am Beispiel des Kongo deutlich, auf welchen Kulturstufen die Schwarzen und die Europäer jahrhundertelang standen. Um eine möglichst lange Zeitspanne für einen Vergleich zwischen dem Naturvolk und den Kulturvölkern zu gewinnen, beginnt er mit dem Bau der Cheopspyramide in Ägypten um 2.500 v. Chr. In starker Raffung charakterisiert er die europäische Entwicklung durch Daten aus rund zwei Jahrtausenden, wobei er allerdings nach der Erwähnung des Geographen Ptolemäus zwölf Jahrhunderte überspringt. Ernst Schnabel wählt die Geschehnisse aus verschiedenen Bereichen: Aus der politischen Geschichte (Entdeckung Amerikas 1492, die Hinrichtungen Gonzalo Pezaros 1548, Cromwells 1550, Marie Antoinettes 1792, die Schlacht bei Austerlitz 1805), aus dem kulturellen Leben (Shakespeares "Sommernachtstraum" 1595), aus der Wissenschaft (die Weltkarte des Ptolemäus 180 v. Chr., die Fallgesetze Galileo Galileis wie Keplers Gesetze über die Planetenbahnen im sechzehnten Jahrhundert, die Herstellung von Dynamit 1867) und aus der Technik (Erfindung des Buchdrucks 1445, der Taschenuhr nach 1510, der Eisenbahn 1829, der Schreibmaschine 1873 und des Grammophons 1877). Alle Ereignisse prägten sich dem Bewußtsein der Menschen in Europa ein. Sie blieben in ihrer Erinnerung haften.

Durch Entdeckungen, Erfindungen wie durch die Kunst änderte sich das Leben in Europa. Es nahm immer neue und modernere Formen an. Am Kongo blieb hingegen alles jahrtausendelang beim alten. "Aber sie zählten die Jahre nach den Regenmonaten, und jeder neue Regenguß löschte die Erinnerung an alle früheren aus." Bis 1877 nahmen die Neger an der Entwicklung der Welt nicht teil, ihre Zeitrechnung beginnt erst mit Henry Morton Stanley und Leopold II.

Die Überschrift "Großes Tamtam" besagt, daß damals nach langem Schlaf über den Kongo viel hereinbrach. Ein Naturvolk auf der Stufe des Animismus, der die Dinge noch beseelte[1], wurde ohne Übergang mit der Technik des Frühkapitalismus konfrontiert (Eisenbahn, Straßen, Tunnel, Dampfer). Welch eine ungeheuerliche, nicht zu bewältigende Umstellung die Weißen von den Schwarzen verlangten, verdeutlicht Ernst Schnabel an der Anekdote vom

Schubkarren voll Erde, die sich die Neger auf den Kopf wuchteten, und an dem alten Mann im Grasland, dessen Augen blind vor Erinnerung sind. Der Autor will damit sagen, daß der Schwarze mit der Europäisierung und den vielen neuen Eindrücken nicht fertig wurde.

Implizit übt er Kritik an den Kolonialherren, die noch die letzte Sklaverei zuließen (80,9). Sie entwurzelten die Neger, rissen sie aus gewachsenen lebendigen Traditionen, die ihrem Entwicklungsstand entsprachen, und versetzten sie mit ihren technischen und zivilisatorischen Neuerungen in eine entseelte Welt, die die Mehrzahl der Eingeborenen nicht begriff. Über die Auswirkungen solcher Umbrüche auf die Menschen in den Kolonien machte man sich damals in Europa keine Gedanken. Das änderte sich erst nach dem Zweiten Weltkrieg. Aber auch bei Ernst Schnabel ist von der Kultur Schwarzafrikas noch nicht die Rede.

Er behandelte das Thema, als er Intendant des Norddeutschen Rundfunks war, selbst Hörspiele schrieb und auf dieses Genre großen Einfluß ausübte[2]. Er wählt die Form des Radio Features, das den Hörer vor allem informiert.

Den Gesetzen des Hörspiels gemäß sprechen im "Großen Tamtam" nur wenige, nämlich vier Stimmen[3]. Jeder von ihnen kommt eine besondere Funktion zu.

Der Reiseschriftsteller Ernst Schnabel[4] gibt als Autor seine Eindrücke während einer Fahrt von Matade quer durch das Küstengebirge hinauf ins Grasland wieder. Durch Bilder von der Stadt, dem Hafen, dem gewaltigen Strom im engen Waldtal, den Bergen und Schluchten wie dem Grasland skizziert er mit wenigen Strichen die Szenerie für das Feature[5]. Das Spektakel der Schwarzen an der Baustelle und die Figur des alten Negers spiegeln die Reaktionen der Ureinwohner auf die technischen Neuerungen wider.

Die dritte Stimme nennt die Ereignisse aus der Geschichte von 2.500 v. Chr. bis 1885. Abschließend demonstriert sie an dem alten Neger, daß das Leben des Sechzigjährigen (i. J. 1955) noch in die Zeit Stanleys hineinreicht. Die zweite Stimme respondiert auf die Daten, die die dritte nennt. Sie vollendet oft deren Sätze und berichtet stets, wie es zu den jeweiligen Zeitpunkten am Kongo aussah. Zum Schluß greift auch sie das Motiv: Der alte Neger auf und exemplifiziert an ihm, daß seine Generation den Übergang vom Glauben an einen Gott "hinter jedem Strauch" zur modernen Technik erlebt hat. Die dreimalige Aussage über den Schwarzen (äußerer Habitus, Lebenszeit, Erleben) weist darauf hin, daß er stellvertretend für die Eingeborenen steht. Die erste Stimme fällt - mit Ausnahme der Anekdote - Urteile über die Entwicklung und die Zustände am Kongo. Dreimal beziehen sie sich auf die Zeit, einmal auf die Eisenbahn, einmal auf Stanleys und Leopold II. Wissen über den Wert des Landes. Indirekt sagt sie mit ihren letzten Worten aus, daß beide vor allem am natürlichen Reichtum des Kongo interessiert waren.

Die Sprache des Features ist sachlich. Im Text finden sich nur zwei bildliche Ausdrücke (78,40;79,1-2). Der Autor bietet dem Leser auf knappem Raum eine Fülle von Informationen. Seine bemerkenswerte Sprachdichte entsteht durch den Gebrauch von vielen kurzen Hauptsätzen - ihr Verhältnis zu den Nebensätzen beträgt ungefähr 3 : 1 - und vielen Ellipsen. In ihnen fehlen Subjekte und Prädikate oder eines von beiden. Außerdem fungieren Satzteile als ganze Sätze und werden durch Punkte abgetrennt.

Methodische Hinweise

a) Die Schüler entnehmen dem Text Informationen. Dafür bereiten sich interessierte Gruppen vor, indem sie sich für die Stunde über die geographischen und geschichtlichen Fakten aus Erdkundebüchern und einem guten Konversationslexikon informieren. Sie schreiben alle Namen und Daten an die Tafel und stellen eine Karte vom Kongo zur Verfügung. Die übrigen Schüler lesen den Text daheim und notieren sich auf einem Block alle Stellen, über die sie keine exakten Aussagen machen können. Das Feature wird abschnittweise gelesen. Jeder Begriff und alle Jahreszahlen werden geklärt und in Notizblöcke eingetragen. Ziel des Arbeitsvorhabens ist es, daß alle Schüler die Einzelheiten verstehen und mit Hilfe der Zahlen wie der Namen den Unterschied zwischen der Entwicklung Europas und des Kongo begreifen.
b) Die Schüler hinterfragen die Informationen. Sie machen sich die Folgen bewußt, die sich durch die Kolonisierung des Kongo für die Schwarzen ergaben. Man wertete ihre Kultur ab, man zwang sie, sich zu europäisieren, man nahm ihnen die Bodenschätze und ließ sie für die Kolonialherren arbeiten.
c) Die Schüler diskutieren über die Kolonisationsmethoden am Kongo. Ihre verschiedenen Meinungen werden vorgetragen und begründet.
d) Die Schüler erklären die Überschrift.
e) Sie lesen das Hörspiel mit den verschiedenen Stimmen und den Geräuschen. Über mehrere Versuche erarbeitet sich die Klasse eine dem Text gemäße Klangform, die von einem sachlichen und unterkühlten Ton bestimmt ist.

Literatur

[1] Friedrich von der Leyen: Das Märchen. Ein Versuch, 4. A. Heidelberg 1958, S. 47 f.

[2] Johann M. Kamps: Aspekte des Hörspiels, in: Tendenzen der deutschen Literatur seit 1945, hrsg. von Thomas Koebner, Stuttgart 1971, S. 482, 486; Heinz Schwitzke: Ortsbestimmung des Hörspiels, in: Geschichte der deutschen Literatur aus Methoden. Westdeutsche Literatur von 1945-1971, hrsg. von Heinz Ludwig Arnold, Band 3, Frankfurt am Main 1972, S. 283.

[3] Johann M. Kamps, a. a. O., S. 491.

[4] Er schrieb: Die Reise nach Savannah 1939; Schiffe und Sterne 1943; Interview mit einem Stern 1951; Die Erde hat viele Namen 1955; Fremde ohne Souvenir 1961.

[5] Johann M. Kamps, a. a. O., S. 490.

VI. SATIREN

Didaktische Überlegungen

Bis in die sechziger Jahre lehnten die Deutschlehrer Satiren als Lesestoffe für die Schule aus verschiedenen Gründen ab. Heute akzeptiert sie ein Teil der Lehrer, und einige Lesebuchherausgeber nahmen sie in Schulbücher auf[1].

In den "Texten für den Deutschunterricht" sind satirische Aussagen vom 6. Schuljahr an vertreten. Die Schüler der 9. Klassen haben an den Beispielen gelernt, daß Satiren Mißstände in der Gesellschaft anprangern, indem sie sie in übertriebener Form darstellen, und daß der Leser die Gegenbilder zu den geschilderten Zuständen entdecken muß. Der utopische Entwurf, den jede Satire implizit enthält, entspricht dem radikalen Wunsch der Jugendlichen, die Welt zu verändern. Ihr in die Zukunft weisender Gehalt stabilisiert das herrschende Gesellschaftssystem nicht - wie man es dem literarischen Kanon der Vergangenheit vorwirft -, sondern stellt es in Frage. Die Texte können deshalb den "Lernenden zu rationaler Einsicht in den gesellschaftlichen Werdegang führen, damit er als Erkennender und Denkender fähig wird, kritisch die eigene Gegenwart zu messen und die in ihr angelegten Möglichkeiten der Zukunft zu begreifen, an der er mitwirken soll"[2].

"Die Disziplin" von Michail Sostschenko eignet sich dazu, die heranwachsende Jugend zum Nachdenken über den Sinn und die Grenzen des Gehorsams zu bringen. Gesetze, die ein Rechtsstaat zum Wohle aller erläßt, um damit das Zusammenleben vieler Menschen zu ermöglichen, achtet der mündige Bürger aus Einsicht in ihre Notwendigkeit. Regierungen, die die Menschenrechte mißachten und von jedermann blinden Gehorsam verlangen, damit sie ihrer Ideologie gemäß herrschen können, degradieren ihre Bürger zu willen- und kritiklosen Untertanen. Gehorsamsverweigerungen ihnen gegenüber, die aus Gewissensgründen erfolgen, sind bewundernswert, liefern aber den einzelnen strengen Strafen, sogar dem Tode aus[3].

Manuel de Pedrolos Satire "Die Steuer" verlangt von den Schülern ein aufmerksames Lesen, da der Beamte seine Absichten lange in verzwickter Form verschleiert. Der Text schult somit das Lesevermögen. Wenn die Fünfzehnjährigen das Vorgehen des Magistrats begreifen, lernen sie einen kennzeichnenden Zug der diktatorischen Regierungen kennen. Man macht sich die Bürger mit dem Schein des Rechts gefügig. Jedem Schüler wird durch diesen Text klar, was Manipulation - in diesem Falle im Namen des Gesetzes - bedeutet. Diese Einsicht ist pädagogisch relevant, weil unser aller Bewußtsein durch die Massenmedien, die Kulturindustrie, die Parteireklame und die Werbung der Wirtschaft in einer viel schwerer zu durchschauenden Weise manipuliert wird. Eine emanzipatorische Erziehung muß die Schüler befähigen, sprachliche Äußerungen dieser Art zu durchschauen[4].

Daß wir alle auf einen sehr kleinen Raum persönlicher Freiheit eingeengt sind, haben die Jugendlichen durch Zusammenstöße mit Personen, die in ihrem Leben für Ordnung sorgen, bereits erlebt. Sie bringen deshalb für Heldenmut in Janusz Osekas Satire "Die Flügel" Verständnis auf. Des Buchhalters Erfahrungen beim Fliegen erweitern den Horizont der Schüler. Sie bekommen einen Einblick, wie hochindustrialisierte Staaten im Osten wie im Westen durch komplizierte technische Einrichtungen und eine perfekt arbeitende Bürokratie jeden ihrer Bürger im Auge behalten, wo immer er sich auch befindet. Plant man doch, alle Lebensdaten der Bewohner unseres Landes in Computern zu speichern, um sie immer zur Verfügung zu haben. Die Angebote der Männer an Heldenmut verdeutlichen den Schülern, daß der Mensch heute einen Marktwert besitzt. Die Mächtigen in aller Welt bemühen sich, die besonders Begabten zu korrumpieren, um sie für sich auszunützen. Sie setzen sie für besondere Dienste ein, in unserem Text als Spitzel, oder sie kaufen sie sich wie zum Beispiel die Olympiasieger für viel Geld, um sie für ihre Artikel werben zu lassen. Solchen Versuchungen kann sich der einzelne nur wie Heldenmut durch radikale Verweigerung entziehen.

Literatur

[1] Vgl. Anna Krüger: Texte für den Deutschunterricht. Kommentar zu den Texten für das 8. Schuljahr, Frankfurt am Main.Berlin.München 1971, S. 5.

[2] Heinz Ide: Die Schullektüre und die Herrschenden, in: Bestandsaufnahme Deutschunterricht, hrsg. von Heinz Ide, 2. A. Stuttgart 1971, S. 18.

[3] Alexander Solschenizyns Ausbürgerung und die Schicksale zahlreicher russischer Dichter und Wissenschaftler wie das Vorgehen der Nationalsozialisten gegen unerwünschte Intellektuelle zeigen, wie gefährlich das Leben in Diktaturen ist.

[4] Projekt Deutschunterricht 2. Sozialisation und Manipulation durch Sprache - Analysen nicht-literarischer Texte, hrsg. von Heinz Ide, Stuttgart 1972/3.

1. Michail Sostschenko: Die Disziplin

Zum Text: Zwei Satiren des russischen Autors wurden bereits in den "Kommentaren" interpretiert. Auf diese Interpretationen sei an dieser Stelle verwiesen[1].

"Die Disziplin" nimmt die Dummheit der zaristischen Soldaten im Ersten Weltkrieg aufs Korn. Sie waren zum größten Teil Analphabeten und militärisch nicht ausgebildet. Deshalb dreht der Hauptmann die Nase des Postens zum Feind und erteilt ihm den Befehl: "Wenn sich jemand hinter dem Hügel zeigt, feuerst du los, verstanden!" Ljoschka versteht unter jemand aber nicht nur den Gegner, sondern auch die Angehörigen seiner eigenen Truppe. Darum erschießt er Wassjka, der im Niemandsland Kartoffeln ausbuddelte und hinter dem Hügel hervorkriecht. Durch die Übertreibung führt Michail Sostschenko den Gehorsam, der nicht über die Befehle nachdenkt, ad absurdum. Er wird zur Gefahr für die Mitmenschen. Da die Staats- und Parteiinstitutionen in der UdSSR alles und jedermann durch Ge- und Verbote reglementieren und nicht zulassen, daß die Sowjetbürger an ihren Entscheidungen Kritik üben[2], kann die Satire auch die Bewohner der Sowjetunion meinen, die alle Parteiparolen passiv hinnehmen und ihnen blindlings Folge leisten. Der Autor spricht zwar von einer anderen Zeit und von Soldaten, greift aber die Gesellschaftsordnung seiner Gegenwart an. Diese List, die Wahrheit durch Verfremdung zu sagen, wandten Satiriker stets an, besonders aber, wenn es gefährlich war, ihr System zu kritisieren[3]. Michail Sostschenko ist von der Kommunistischen Partei des öfteren gemaßregelt worden und hatte allen Grund, listig vorzugehen.

Der Aufbau der Satire ist locker gefügt. Der Autor kommt auf Umwegen zu seinem Thema. Einleitend schildert er die miserablen Zustände im Eisenbahnverkehr nach der Oktoberrevolution (81,1-82,25). Im Hauptteil (82,26-84,4) kontrastiert der Ich-Erzähler die damaligen Verhältnisse mit der "Ordnung, Sauberkeit, Pünktlichkeit", die er vor einigen Tagen auf einer Fahrt nach Luga antraf. Er lobte sie seinen Mitreisenden gegenüber, und einer von ihnen erklärte sie mit der Disziplin, die wieder in Rußland herrscht. Damit ist das Stichwort für den Bauern gefallen, der die Geschichte vom Tode Wassjkas erzählt. Sie ist die Satire in der Satire.

Michail Sostschenko war der Ansicht, daß sich die Sprache für die sozialistische Gesellschaft mit ihren neuen Leserschichten von Arbeitern und Bauern ändern müsse. Folgerichtig lehnte er die Tradition ab, der sich die sowjetischen Schriftsteller bis heute verpflichtet fühlen. Vorbild für ihn wurde der Skaz-Stil, den Leskow und andere ausgebildet hatten. Indem er ihn genial weiterentwickelte, schuf er sich seine besondere Ausdrucksform für seine Satiren[4]. "Die Disziplin" weist eine Reihe ihrer Merkmale auf. Der Ich-Erzähler wie die übrigen Personen sprechen in einer vertrackten Weise naiv-komisch, so daß sie geradezu auf das implizit enthaltene Gegenbild zu der dargestellten Wirklichkeit hindeuten. Der Bauer führt beispielsweise den Tod Wassjkas nicht auf Ljoschkas Dummheit, sondern auf die Disziplin zurück.

"Ich habe den Satz gekürzt", sagt Michail Sostschenko[5]. Unser Text beweist diesen Ausspruch. Er enthält keine Periode, nur vierzehn Satzgefüge und besteht sonst nur aus Hauptsätzen. Sie sind in der Regel bemerkenswert kurz. In ihnen fehlen des öfteren die Subjekte (82,12; 19;20;31;37;83,13), vereinzelt die Prädikate (82,27;83,4), bisweilen auch beide (82,25;34;83,2;38) und dazu das Objekt (82,32). Nicht selten trennt der Autor Satzteile durch Punkte ab und deklariert sie damit als Sätze. Auf diese Weise entsteht ein unverwechselbarer gedrängter Stil, der leicht zu verstehen ist.

In seinen Wortschatz nimmt er Schimpfwörter (Hundesohn, Knasterbart, Schund-Passagier) und Ausdrücke aus der Umgangssprache auf (ist mir ganz egal, futtern, haut dick Butter drauf, läßt die Nase hängen, nicht buh und nicht bäh). Der Ich-Erzähler spricht den Leser direkt an (Brüderchen, seht). Er wie die anderen Personen haben eine Vorliebe für Ausrufesätze und Fragen. So entsteht der Eindruck einer gesprochenen Sprache. Es gelang dem gewitzten und begabten Autor, den restringierten Kode der Arbeiter und Bauern zu literarischem Rang zu erheben.

Methodische Hinweise

a) Die Schüler machen sich in einem Gespräch klar, daß Ljoschka das Wort Jemand falsch auslegte.

b) Sieben Gruppen beschäftigen sich im arbeitsteiligen Verfahren mit folgenden Themen:
   1. Der Aufbau
   2. Der Satzbau
   3. Wörter und Redewendungen aus der Alltagssprache
   4. Die direkten Reden
   5. Sprachkomik
   6. Situationskomik
   7. Kontraste

   Die Ergebnisse werden von den Gruppensprechern vorgetragen. Die Klasse nimmt Stellung zu ihnen.
c) Anschließend machen sich die Schüler bewußt, warum der Autor seine Geschichte in dieser Form erzählt. Sie finden heraus: er möchte, daß viele ihn verstehen (Punkt 2-4), daß sie außerdem Spaß am Lesen haben (Punkt 5-7) und daß sie über die Gefahren des blinden Gehorsams nachdenken.
d) Eine Aussprache, die sich vom Text löst, über Disziplin und Gehorsam. Sie kann in eine Diskussion übergehen, wenn die Meinungen der Schüler hart aufeinanderprallen. Dabei müßten die Gefahren des blinden Gehorsams wie der Sinn der Befehlsverweigerung erkannt werden.

Literatur

[1] Anna Krüger: Texte für den Deutschunterricht. Kommentar zu den Texten für das 5. und 6. Schuljahr, Frankfurt am Main.Berlin.München 1974, S. 118 ff.; Kommentar zu den Texten für das 8. Schuljahr, S. 10 ff.

[2] Roy A. Medwedjew: Provokation gegen die Entspannung, in: Die Zeit vom 16.11.1973; A. D. Sacharow: Die Bedrohung der geistigen Freiheit, in: Sowjetische Kulturpolitik seit 1965, hrsg. und eingeleitet von Helen von Ssachno und Manfred Grunert, dtv-report, München 1970, S. 183.

[3] Vgl. Bertolt Brecht: Fünf Schwierigkeiten beim Schreiben der Wahrheit, in: Versuche, Heft 20/21, Berlin 1952, S. 87.

[4] Literaturlexikon 20. Jahrhundert 3, hrsg. von Helmut Olles, rororo Handbuch, Reinbek 1971, S. 739.

[5] Michail Sostschenko: Die Stiefel des Zaren, Ullstein Buch Nr. 328, Frankfurt/Main.Berlin 1961, S. 187.

2. *Manuel de Pedrolo: Die Steuer*

Zum Text: Der Magistrat einer Stadt führt eine Waschmaschinensteuer ein. Seine Beamten besuchen alle Haushalte und fordern die Bürger auf, eine Erklärung zu unterschreiben, daß sie keine Waschmaschine besitzen. Da man normalerweise nur sein Eigentum deklariert, bedeutet dies eine Zumutung für die Bewohner der Stadt. Aber die Nichtbesitzer des Geräts sollen außerdem Atteste von allen Geschäften der Branche vorlegen, daß sie bei ihnen keine Waschmaschine gekauft haben. Andernfalls müssen sie die Steuer und eine Strafe bezahlen, weil sie "eine ... formal falsche Erklärung abgegeben" haben. Diese Drohung und die Vorstellung, von Geschäft zu Geschäft laufen zu müssen, um die Inhaber um eine Bescheinigung für eine nicht gekaufte Ware zu bitten, verunsichert die Bürger so sehr, daß sie sich alle als Besitzer einer Waschmaschine eintragen lassen. Auf diese Weise erpreßt der Magistrat die Städter, Steuern für etwas, das sie nicht besitzen, zu zahlen.

Durch das Gespräch zwischen einem Beamten und einem Haushaltsvorstand stellt der Autor dar, wie ein Bürger auf die Zumutungen der Bürokratie reagiert und zuletzt klein beigibt. Der Dialog wird von Personen geführt, deren Informationsbestand sehr verschieden ist[1]. Der Beamte kennt das Gesetz und hat durch seine Besuche in anderen Haushalten Erfahrungen gesammelt, wie die neuen Bestimmungen aufgenommen werden. Der Hausherr hört hingegen das erste Mal von dieser Steuer. Den wichtigsten Paragraphen lernt er erst am Schluß des Gesprächs kennen. Bis zu dem Augenblick glaubt er, er könne den Beamten überzeugen, daß der Magistrat unsinnig vorgeht. Er weist ihn deshalb darauf hin, daß die Stadt Geld spart, wenn nur die wenigen Eigentümer von Waschmaschinen eine Erklärung unterschreiben, und daß die Nichtbesitzer zweimal Formulare ausfüllen müssen. Außerdem bemüht er sich, dem Beamten klarzumachen, daß das Einwohnerverzeichnis bereits alle Bewohner der Stadt erfaßt. Der Hausherr argumentiert vernünftig, aber ohne Erfolg.

Er reagiert schon erstaunt und verblüfft, als seine Frau ihm mitteilt, was der Beamte von ihm wünscht. Während der Auseinandersetzung mit dem Bürokraten lacht er über dessen unlogische Aussagen, stellt ihm spöttische Fragen und möchte ihn sogar beschimpfen. Seine Erregung hält während des Gesprächs an. Sie erreicht ihren Höhepunkt und ihr Ende in dem Augenblick, als er aufspringt und im Zimmer hin und her läuft. Dabei denkt er über seine ausweglose Lage nach und läßt sich dann als Besitzer einer Waschmaschine eintragen. Seine Worte: "Ja, das leuchtet mir jetzt ein", und die anschließende Frage signalisieren, daß er die Methode des Magistrats begriffen hat. Erst jetzt ist er völlig informiert.

Der Beamte nützt die Überlegenheit aus, die ihm durch die Situation zufällt. Er gibt die Einzelheiten des Gesetzes nur stückweise preis. Damit läßt er den Hausherrn lange im Glauben, es sei sinnvoll, Einwände zu machen. Auf sie geht er in verschiedener Weise ein. In vielen Fällen verdeckt er die Wahrheit mit Floskeln aus der Amtssprache (rationelleres Verfahren, unbedeutende Spesen, alles ordentlich machen, völlige Kontrolle, alles in Erwägung ziehen). Zuweilen wirkt er dabei spitzfindig (Listen zu statistischen und vermögensrechtlichen Zwecken, formal falsche Erklärung). Manchmal gibt er auch zu, daß der Hausherr im Recht ist (85,28;86,7;36;87,12). Einige seiner Antworten bleiben dem Partner unverständlich, weil sie das Ende des Gesprächs vorausnehmen (86,24; 33;36;88,1). Der Vertreter der Macht versucht sich als umgänglicher Gesprächspartner zu tarnen. Aber sein Gesichtsausdruck und die Art seines Sprechens (er lacht mit bürokratischem Hochmut, er spricht triumphierend, er setzt eine schlaue Miene auf) und seine Wortwahl: Kontrolle (zweimal), kontrollieren (zweimal) entlarven ihn. Er spielt mit dem Hausherrn ein böses Spiel, erteilt ihm dabei auch nach Art autoritärer Menschen Zensuren (87,26;89,7) und widerlegt ihn zum Schluß vom Standpunkt seiner perfiden Methode aus, die jeder Vernunft spottet, mit der er sich trotzdem durchsetzt.

Manuel de Pedrolo kämpfte im spanischen Bürgerkrieg auf der Seite der Republikaner[2]. In diesem Text greift er die Regierung Francos mit spitzer Feder an. Am Fall der Waschmaschinensteuer, einem geringfügigen Objekt, macht er deutlich, wie die Diktatur ihre Bürger betrügt. Der Leser kann an dem Part des Ehemanns ablesen, daß die Diskussion zur Farce degradiert ist. Der Staat gebraucht andere Mittel: Er erläßt Gesetze, die befolgt werden müssen, selbst wenn sie ungerecht sind.

Der Autor wählt die satirische Aussage und gebraucht deren Stilmittel: die Übertreibung und die Karikatur. Er macht die Rabulistik des Beamten lächerlich, um damit die Beweisführung der Faschisten zu entlarven und dem Spott preiszugeben. Das gleiche gilt von dem Gesetz, das der Magistrat erläßt. Klaus Lazarowicz' Worte: "Der Satiriker tritt als Rächer der beleidigten Wahrheit und Gerechtigkeit auf"[3], treffen auf Manuel de Pedrolos Satire zu.

"Die Steuer" wird durch das Gespräch der Eheleute eingeleitet (84,1-28). Die Geschichte endet mit dem Entschluß des Bürgers, das Geld zu zahlen (89,3-18). Ihren Hauptteil nimmt das Streitgespräch zwischen den Männern ein. Sie vertreten konträre Meinungen, die sie - besonders der Bürger - emotionell verteidigen, so daß ihre Sprechweise stark variiert. Sie reicht vom triumphierenden Auftrumpfen, Verhöhnen, Verspotten und Verlachen des Gegners über ungeduldiges Fragen und Antworten wie hartnäckiges Argumentieren bis zum Einräumen, Rechtgeben und Einlenken. Auch die Sprachformen wechseln sehr stark. Fragen, Ausrufe, kurze statements stehen neben scharfsinnigen Argumentationen, die in komplizierten Satzkonstruktionen ausgedrückt werden, und Ausführungen im steifen Stil der Behördensprache. Es gelang dem Autor, ein Stück sehr lebendiger und engagierter Prosa zu schreiben.

Methodische Hinweise

a) In einem Unterrichtsgespräch, das der Lehrer mit "indirekten, sparsam gesetzten und weitreichenden Impulsarten" steuert[4],
   1. stellen die Schüler die Stellungnahmen der beiden Männer zu dem Gesetz heraus,
   2. erkennen die Methode des Magistrats als Erpressung der Bürger,
   3. lernen die Aussagen des Autors als Angriff auf die Diktatur Francos zu hinterfragen.

b) Vier Gruppen beschäftigen sich im arbeitsteiligen Verfahren mit Form und Sprache des Textes:
   1. Der Aufbau
   2. Die Besonderheit der Gesprächsführung
   3. Charakteristik der Sprechart der beiden Männer
   4. Übertreibende und karikierende Züge

c) 1. Die Schüler lesen die Dialoge mit verteilten Rollen. "Dabei achten sie auf Lautstärke, Aussprache, Betonung, Versprecher, Pausen, Rhythmus, Intonationskurve, sinnfördernde Akzentuierung."[5] Durch Versuche, die durch die Mitschüler kritisiert und verbessert werden, steuert die Klasse das Ziel an, den Text sinnfassend gut zu lesen.
   2. Diese Arbeitsform kann zum Spielen der Szene oder zur Erarbeitung eines Textbuches mit Regieanweisungen und Geräuschkulisse für ein Hörspiel führen.

Literatur

[1] Helmut Seiffert: Information über die Information, Beck'sche Schwarze Reihe Band 56, München 1968, S. 77.

[2] Literaturlexikon 20. Jahrhundert 3, hrsg. von Helmut Olles, rororo Handbuch, Reinbek 1971, S. 619.

[3] Klaus Lazarowicz: Verkehrte Welt. Vorstudien zu einer Geschichte der deutschen Satire, Tübingen 1963, S. 316.

[4] Gertrud Ritz-Fröhlich: Verbale Interaktionsstrategien. Impuls-Denkanstoß- Frage. Workshop Schulpädagogik, Ravensburg 1973, S. 45.

[5] Didaktik und Organisation des Deutschunterrichts an der Gesamtschule Berlin (Britz-Buckow-Rudow) von Wolfram Flößner und Sigurd Hauff, 9. Jahrgangsstufe, Braunschweig 1971, S. 41.

3. *Janusz Oseka: Die Flügel*

Zum Text: Der Autor greift das Sagenmotiv vom fliegenden Menschen auf (Dädalus und Ikarus, Wieland der Schmied, der Schneider von Ulm)[1]. Sein Held lebt in unserem hochindustrialisierten und bürokratisierten Zeitalter. Er stellt sich nicht wie die Sagengestalten seine Flügel selbst her. Sie wachsen ihm aus dem Rücken. Ausführlich berichtet Janusz Oseka, wie Heldenmut dafür sorgt, daß sie immer größer und kräftiger werden, bis er mit ihnen fliegen kann. Der Erzähler verwendet das Wunderbare so, wie es in der phantastischen Literatur im 20. Jahrhundert üblich ist. Ähnlich wie in Kafkas "Die Verwandlung" nimmt seine Satire "beim übernatürlichen Ereignis ihren Anfang, um jenem dann im Verlauf der Erzählung ein immer natürlicheres Ansehen zu geben"[2]. Die fiktive Welt paßt sich dem unerklärlichen Geschehnis an und reagiert realistisch. Das Wunderbare dient dem Autor außerdem als auslösendes Moment für seine Gesellschaftskritik.

Der Buchhalter ist ein kleiner, an seinen Schreibtisch gefesselter Mann, der sich wie der Schneider aus Ulm danach sehnt, fliegen zu können, um aus seinen bedrückenden Verhältnissen herauszukommen (89,8-12;90,5-7; 29/30). Die utopische Hoffnung, sich fliegend einen Raum der Freiheit zu erobern, verbindet beide Gestalten. Der Schneider stürzt ab und wird verspottet. Heldenmut gelingt es, über seiner Stadt zu kreisen und in den Weltraum zu fliegen, wobei ihm alle Städter neugierig und aufgeregt zuschauen. Aber auch ein Feldmarschall und das Polizeipräsidium beobachten ihn (92,16-21). Beide deuten auf die Schwierigkeiten hin, die den vom Flug heimgekehrten Buchhalter erwarten.

Unfreundliche Beamte, die für die Sehnsucht Heldenmuts kein Verständnis aufbringen, teilen ihm mit, daß er als fliegender Mensch mehrfach gegen die Gesetze verstoßen hat (kein Führerschein für Luftfahrzeuge, keine vorschriftsmäßige Ausstattung, Überschreitung der Schallgrenze). Heldenmut sieht ein, daß es für ihn im Luftraum auch keine Freiheit gibt, weil dieser ebenso streng wie das Leben auf der Erde überwacht wird. Mit den Erfahrungen des Buchhalters prangert der Autor unsere total verwaltete Welt an, da in ihr Bezirke fehlen, in denen der einzelne noch ein Mensch sein könnte. Überall muß er Gesetze und Bestimmungen beachten, andernfalls drohen ihm harte Strafen. Es gibt keinen Ausweg aus dieser Zwangslage. Die Personen, die zu Heldenmut kommen, um ihn vor der Gefängnisstrafe zu bewahren, stellen ihm Bedingungen. Die Geheimpolizei verlangt Spitzeldienste von ihm. Der Sprecher der Abteilung zwo des Polizeistabs verspricht, daß die Flügel, "richtig eingesetzt", ihm Reichtum verschaffen und eine Karriere eröffnen könnten, wenn er ... Der Würdenträger in Generalsuniform denkt daran, ihm einen Atomkopf aufzumontieren. Alle drei sind schnell zur Stelle, weil sie den fliegenden Menschen möglichst effektiv für ihre Zwecke einsetzen und ausnützen möchten. Was der Buchhalter dabei empfindet oder ob sie ihn dem Tod ausliefern, läßt sie kalt. Noch deutlicher als durch die Strafandrohungen sagt Janusz Oseka durch die Angebote aus, daß der Mensch für die Mächtigen nur ein Ding bedeutet, das sie je nach Nutzwert verplanen. Wenn jemand - wie der Buchhalter - besondere Fähigkeiten besitzt, liegt ihnen alles daran, daß er für sie arbeitet. Der Autor klagt durch die Satire sein Gesellschaftssystem an. Es degradiert den Menschen zur Sache, beraubt ihn seiner Selbstbestimmung und Freiheit, ist somit inhuman. Der polnische Autor greift den sozialistischen Staat an, aber der Mensch in den kapitalistischen Ländern ist ebenfalls Zwängen ausgeliefert, wenn sie auch von anderen Mächtigen ausgeübt werden und in anderen Formen in das Leben eingreifen. Durch seine Satire bringt Janusz Oseka "die totale Verkehrtheit der Welt zur Anschauung"[3]. Die Herrschenden helfen dem einzelnen nicht, menschenwürdig zu leben, sondern hindern ihn daran.

Wie alle Satiriker verwendet der Autor für seine ernste Aussage Darstellungsmittel der Komik[4], vor allem den Kontrast. Die Art, wie er das Übernatürliche wirklich werden läßt, wirkt lächerlich, weil die Flügel durch natürliche und allgemein gebräuchliche Mittel zum Wachsen gebracht werden (kneifen, ziehen, massieren, Fischbeinelixier, Walzwerk, Flaschenzug). Zuletzt rasiert der Friseur sie wie einen Bart ab. Heldenmuts Zuversicht, er werde einmal fliegen können, kontrastiert Janusz Oseka mit den Auffassungen seiner Mitmenschen. Seine Frau macht über seine Absichten nüchterne und spießbürgerliche Bemerkungen (90,3/4;13;21;26/27;91,14). Sein Chef zeigt sich über seinen Geisteszustand besorgt (90,36). Seine Kollegen verspotten ihn (90,38-40). Die Stimme in der Kirche, die wohl die Gläubigen repräsentiert[5], bestreitet, daß der Mensch mit dem Körper fliegen kann (91,32). Weitere Kontraste entstehen durch entgegengesetzte Meinungen und Tätigkeiten in der Volksmenge. Während alle glauben, Heldenmut habe einen Buckel, vermutet das Subjekt hinter der Zeitung, er trage einen Sack Kokain unter dem Mantel. Die Leute laufen von der Arbeit fort, schauen hinauf zum fliegenden Heldenmut, die Taschendiebe spähen hingegen auf der Erde aus, wo es etwas zu stehlen gibt, und arbeiten eifrig. Als weiteres Stilmittel der Komik braucht der Autor die Hyperbolik. Er übertreibt des Anfängers Flugkünste (Sturzflug, gefährliche Saltos, Verschwinden im Weltraum), die Reaktion des Militärs und der Polizei auf den fliegenden Menschen (Feldmarschall am Radarschirm, äußerste Alarmbereitschaft, vertrauliche Beratungen) wie deren Drohungen und Absichten (mehrere hundert Jahre Gefängnis, Atomkopf aufmontieren).

Durch die starke Akzentuierung stellt der Autor seine satirische Erzählabsicht einerseits überdeutlich heraus, andererseits verfremdet er seine bittere Anklage, indem er sie in einem leichten, fast heiteren Ton vorträgt. Außerdem erzählt Janusz Oseka sehr lebendig. Sein Text besteht ungefähr zur Hälfte aus wörtlichen Reden mit einer großen Variation von Sprechweisen. Die Ereignisse steigern und überschlagen sich so, daß die

Geschichte spannend zu lesen ist. Karl Dedecius, der sich als Übersetzer aus dem Polnischen einen Namen gemacht hat, übertrug "Die Flügel" in ein klares und leichtverständliches Deutsch.

Methodische Hinweise

Es bereitet den Fünfzehnjährigen keine Schwierigkeiten, den Text wortwörtlich zu verstehen. Vielleicht nehmen sie an dem Phantastischen Anstoß. Er dient dann als Einstieg in ein Unterrichtsgespräch, das von den freien Meinungsäußerungen der Klasse zur Arbeit am Text übergeht.

a) Die Schüler stellen die Dichtungsform fest. Dies ist möglich, weil sie bereits eine Reihe von Satiren gelesen haben. Sie machen sich die Erzählabsicht dieser Gattung klar: sie geißelt bestehende gesellschaftliche Verhältnisse.

b) Diese Erkenntnis führt sie zur Überlegung, welche Schwächen seines Gesellschaftssystems der polnische Autor angreift: Bürokratismus, Einengung und Verplanung des Menschen, seine Unfreiheit und sein Ausgeliefertsein an die Mächtigen.

c) Fünf Gruppen beschäftigen sich im arbeitsteiligen Verfahren mit folgenden Aufgaben:
   1. Die Figuren
   2. Die wörtliche Rede
   3. Die Darstellung des Phantastischen
   4. Die Kontraste
   5. Die Übertreibung

   Die Gruppen tragen ihre Ergebnisse vor, die Klasse nimmt zu ihnen Stellung. Nach der Kärung aller Fragen überlegen die Schüler, aus welchen Gründen der Autor die einzelnen Darstellungsmittel benützt: überdeutliche Herausarbeitung seines Themas, zugleich dessen Verfremdung durch Phantastik und Komik. Durch einen Vergleich mit dem Kabarett verdeutlicht sich die Klasse ihre Einsichten: durch die Verfremdung sprechen die Texte Hörer und Leser stärker an.

d) Die Schüler diskutieren über die Frage, ob Janusz Osekas Angriffe sich auch auf unsere Gesellschaft beziehen. Ein Schüler leitet die Diskussion. Der Lehrer hilft ihm, er sorgt dafür, daß alle Jugendlichen zu ihrem Recht kommen und ihren Meinungskampf fair austragen.

Literatur

[1] Peter Supf: Märchen vom Fliegen, Baden-Baden.Berlin 1930. Der Herausgeber veröffentlichte Texte mit dieser Thematik aus aller Welt.

[2] Tzvetan Todorow: Einführung in die fantastische Literatur, München 1972, S. 152.

[3] Klaus Lazarowicz: Verkehrte Welt. Vorstudien zu einer Geschichte der deutschen Satire, Tübingen 1963, S. 315.

[4] Gegenzeitung. Deutsche Satire des 20. Jahrhunderts, hrsg. von Helmut Arntzen, Heidelberg 1964, Nachricht von der Satire, S. 13.

[5] Vgl. dazu Bertolt Brecht: Der Schneider von Ulm, in: Hundert Gedichte 1918 - 1950, Berlin 1958, S. 43.